I0760068

Todos los libros de Linkgua Ediciones cuentan con modelos de Inteligencia Artificial entrenados por hispanistas. Pregúntale al chat de tu libro lo que desees acerca de la obra o su autor/a.

Para ebooks: Accede a nuestro modelo de IA a través de este enlace.

Para libros impresos: Escanea el código QR de la portada con tu dispositivo móvil.

Obtén análisis detallados de nuestros libros, resúmenes, respuestas a tus preguntas y accede a nuestras ediciones críticas generativas para una experiencia de lectura más enriquecedora.
La transparencia y el respeto hacia la autoría de las fuentes utilizadas son distintivos básicos de nuestro proyecto. Por ello, las respuestas ofrecen, mediante un sistema de citas, las fuentes con las que han sido elaboradas.

Tirso de Molina

Santo y sastre

Barcelona 2024
Linkgua-ediciones.com

Créditos

Título original: Santo y sastre.

e-mail: info@linkgua.com

Diseño de cubierta: Michel Mallard.

ISBN tapa dura: 978-84-9953-809-9.
ISBN rústica: 978-84-9816-534-0.
ISBN ebook: 978-84-9897-441-6.

Sumario

Brevísima presentación

La vida

Tirso de Molina (Madrid, 1583-Almazán, Soria, 1648). España.

Se dice que era hijo bastardo del duque de Osuna, pero otros lo niegan. Se sabe poco de su vida hasta su ingreso como novicio en la Orden mercedaria en 1600 y su profesión al año siguiente en Guadalajara. Parece que había escrito comedias, al tiempo que viajaba por Galicia y Portugal. En 1614 sufrió su primer destierro de la corte por sus sátiras contra la nobleza. Dos años más tarde fue enviado a la Hispaniola (actual República Dominicana), regresó en 1618. Su vocación artística y su actitud contraria a los cenáculos culteranos no facilitó sus relaciones con las autoridades. En 1625, el Concejo de Castilla lo amonestó por escribir comedias y le prohibió volver a hacerlo bajo amenaza de excomunión. Desde entonces solo escribió tres nuevas piezas y consagró el resto de su vida a las tareas de la orden.

Personajes

Homo Bono, Santo
Dorotea, dama
Pendón, gracioso
Roberto, viejo
Grimaldo
Lelio, caballero
Dos criados
Valerio
Sabina, dama
Esperanza, criada
Un Pobre
Un Ángel
Un Músico

Jornada primera

(Salen Dorotea y Pendón.)

Dorotea ¿Tantos me pretenden?

Pendón Tantos;
que para tantos de juego
aun sobran. Mira este pliego
lleno de quejas y llantos.

(Va sacando papeles cerrados del seno y faltriqueras.)

Mira luego este papel
de un galán almibarado
que según viene enmelado
debe de ser moscatel.
Repara en este billete
que un licenciado me dio,
tan culto, que me llamó
mercurio, por alcahuete.
Éste me dio un capitán
con más plumas que un virote,
que acicalando un bigote
hisopo de un sacristán,
muerto porque hoy no te ha visto,
me dijo: «Dile a mi ingrata
que dando vida, me mata
con su ausencia, ¡voto á Cristo!».
Éste es todo de lisonjas.

Dorotea ¿Tantos traes?

Pendón Te espantarás,

ahora empiezo, no trae más
una andadera de monjas.
   Digo que éste es lisonjero
porque su dueño poetiza
—por no decir gongoriza—
y es de estos que al mes de enero
   llaman padre del candor;
al Sol, monarca diurno;
cerúleo al cielo, y coturno
al alba del esplendor.

Dorotea
   ¡Jesús! Perdone este hidalgo
si del modo que escribe, ama.

Pendón
Fiscal cuadrúpedo llama
de las liebres éste al galgo;
   nieto al amor, de la espuma;
alcatifas de tabí
a los prados, y a un neblí
llamó estafeta de pluma.

Dorotea
   ¡Qué necio modo de hablar!

Pendón
Éstos se llaman poetas
con cáscara, no los metas
en la boca, sin quebrar
   sus versos con un martillo;
que si a gustarlos te pones,
por ser poetas piñones
te han de quebrar un colmillo.
   Ya gasté los que traía
en las manos.

Dorotea
¿Pues hay más?

Pendón

Aguárdate y lo verás...
Cada faltriquera mía
viene a ser una estafeta.
Éste me dio un boticario
que su amor en eletuario
te explica como en receta;
todos estos son diversos
en estilos y en autores;
unos te escriben doctores
en aforismos y en versos;
otros escribanos —suma
sus rasgos, y «sepan cuántos»—
y admirada que haya tantos
llámalos gatos con pluma.
Si en intereses reparas
billetes hay mercantiles
de estos, que como alguaciles
venden engaños a varas.
En estotra faltriquera
te traigo otra letanía,
gente es de menos cuantía,
darélos juntos; espera.

Dorotea

Acaba ya.

Pendón

Acaben ellos.
Éste conozco: es de un paje
que sirve a un gran personaje;
trae guedejados cabellos,
habla tiple, damo pisa,
viste alzacuello y valona,
tañe y canta la capona,
pero no tiene camisa.

Un barbero, gran lanceta
pide, que alivies sus llamas,
sabe jugar a las damas
y come seis de una treta;
esotros son a esta traza,
que muertos por tu hermosura
hacen tutti li figura;
de ellos te desembaraza,
y pues te intentas casar,
escoge uno; que cansado
según vengo, empapelado
me pueden poner a asar.

Dorotea

No es nuevo en ti ser burlón;
siempre vienes con quimeras
bufonas. Habla de veras
si quiera esta vez, Pendón.
Hija soy de un mercader
sin padres, y con hacienda;
que para que la defienda
de engaños, he menester
marido que la acreciente
y ponga en orden mi casa;
la prudencia es quien me casa,
no el amor, que es accidente
que raras veces acierta;
pretenden dos este estado
y desvela mi cuidado
el verlos rondar mi puerta.
Lelio muestra voluntad
cuando no a mí, a mi dinero.
Es pobre y es caballero,
puede darme calidad,
y no de mi esfera salgo

cuando sea su mujer,
pues, en fin, el mercader
está en vísperas de hidalgo.
Fuélo mi padre, en efeto.
Por otra parte me inclino
a Grimaldo, y le imagino,
como estudiante, discreto,
y que una vez gradüado
en las leyes que profesa
su facultad interesa
honra y provecho. Hame dado
antojo, si se despacha,
bien su pretensión agora,
de que me llamen oidora
y me adorne una garnacha.

Pendón

De eso no me maravillo;
ni hay gente como letrados
que en digestos opilados
hallan textos de tornillo.
Mas si te casas con él
y viniere a ser oidor,
será consuelo mayor
morirte primero que él;
porque si viuda te advierto,
y antes de serlo adorada,
no hay cosa más desdichada
que la mujer de oidor muerto.

Dorotea

Acaba con disparates,
y advierte que de estos dos
al uno, estando de Dios,
tengo de elegir.

Pendón Quilates
tiene cada cual que obligan,
y si va a decir verdad.
Lelio es todo voluntad
pero deudas le fatigan.
Grimaldo es un licenciado
tan cercano de la toga
que imagina ser, si aboga,
de las bolsas abogado.
Tienes tantos pretensores
que cada cual me empapela
como a muchacho de escuela
que va a vender cobertores;
pero entre todos no estaba
descuidado de su queja,
que allá en Castilla la Vieja
un rincón se me olvidaba.

(Saca otro papel de la toquilla del sombrero.)

Éste es de Lelio, que espera
tu amor por lo generoso,
el cual de puro curioso
le escribió con bigotera.
Estotro el jurisperito
(Saca otro de entre la calza.) le sacó de un borrador,
que si piensa ser oidor,
y en párrafos te le ha escrito,
le trasladó para darte
el alma, que en él se enciende,
y como ser juez pretende
dirá: «Traslado a la parte».

Dorotea De esos dos hemos de ver

cual, en fe de su eficacia,
viene hallar en mí más gracia.

Pendón Y de estotros, ¿qué he de hacer?

Dorotea Quemarlos.

Pendón Cruel estás;
rásgalos, que si te ofenden
cara a cara te pretenden,
y el castigo es cara atrás.

Dorotea Esta noche las doncellas,
que es víspera de San Juan,
si deseosas están
de casarse...

Pendón Las más de ellas
cojean de aquese pie.

Dorotea ...con el altar que acostumbran
enraman, pulen y alumbran,
tienen en el santo fe;
y cuando hacen la oración,
que en tales casos dispuso
la superstición o el uso,
con silencio y devoción,
procuran conjeturar
de lo que escuchan primero
en la calle al pasajero
si se tienen de casar
o no; si será el marido
hombre apacible o molesto;
si se verán viudas presto,

si es noble o si mal nacido,
y otras cosas de este talle,
que yo juzgo por locura,
pues coligen su ventura
de lo que va por la calle.
Yo no tengo de tentar
al cielo de esta manera.

Pendón — Tienes poco de hechicera.

Dorotea — Con aquél me he de casar
que con mayor agudeza
me escribiere su papel
de los dos.

Pendón — Ponle el laurel,
mas no sobre la cabeza;
que aunque victoria señala
y fue blasón excelente,
cosa de rama en la frente,
aun en profecía es mala.

Dorotea — ¡Qué necio estás!

Pendón — Ya lo veo;
mas dígolo por si acaso,
mientras estotros abraso.
Éste es de Lelio.

Dorotea — Éste leo.

(Lee.) — «Mi amor, bella Dorotea,
que niño empieza a escribir
y sin verte ha de morir,

aunque escribe, deletrea;
  y en tu nombre afirmaré
que, aunque a Dorotea va,
le quito la postrera a,
porque diga A doroté.»

Pendón — Jugó sutil del vocablo;
porque, a falta de dinero,
juega todo caballero
equívocos. ¡Dále al diablo!

Dorotea — ¿Pues no es el conceto agudo?

Pendón — Como una alesna o punzón.
Buena estuvo la invención
del adórote desnudo!
  Mas si enviára un bolsillo
de doblones brilladores,
que con dos caras traidores
traen el semblante amarillo,
  tú le amaras, yo lo sé;
y pudiera en tu decoro
escribirte con ese oro,
Dorotea, doroté.

Dorotea — Yo no pretendo a mi amante
rico, mas sabio y con seso.

Pendón — Bien comeremos con eso.

Dorotea — Escucha y calla.

Pendón — Adelante.

(Lee.)

Dorotea
«Si me permiten los cielos
que te tenga por señora
daréte, en fe que te adora
el alma...»

(Dice Uno de dentro como que pasa por la calle.)

Uno
Palos y celos.

Dorotea
¡Jesús, qué agüero tan malo!

Pendón
El bellacón que pasó,
por Dios, que te recetó
sin tener bubas el palo.
¿Palitos? ¡Puto Miguel,
válgate de ese manjar!
Bien le puedes descartar.
¿Celos y palos? Papel
sois vos pronosticador
de pesadas aventuras.

Dorotea
Anda, que no hay conjeturas
que puedan darme temor
de lo que se dice acaso.

(Lee.)
«Si te desposas conmigo
a que te envidien me obligo
en Cremona a cada paso
las damas de más estima.
Visitaránte señoras,
patricias, gobernadoras,
a quien la nobleza anima;

lograrás tu juventud
con galas que arrastrarás,
y en desposándote irás
en el mejor...»

(Dentro.)

Uno

Ataúd.

Dorotea

¡Jesús mil veces!

Pendón

Marido
de réquiem —por Dios— es éste.
Dale, señora, a la peste.

Dorotea

Algún burlón atrevido
que está oyendo lo que leo,
celoso procura ansí
turbarme. Jamás creí
supersticiones, ni creo
que adivinen mi desastre.
Leo.

Pendón

Vaya.

(Lee.)

Dorotea

«En mi poder
dueña de casa has de ser
y tu esposo humilde...»

(Dentro.)

Uno

Un sastre.

Dorotea ¿Sastre dijo? no leo más.

Pendón ¿Sastre el dueño y yo pendón?
(Rásgale.) Vendrá la circuncisión
de la ropa y medrarás;
mas el pronóstico llevo.
De seis sastres me contaban
que solamente cenaban
entre todos seis un huevo
y que cada cual metía
su aguja en vez de cuchar.
¡Gentil talle de engordar,
blando el huevo y la agua fría!

Dorotea No debe de estar de Dios
que Lelio mi esposo sea:
venga esotro.

Pendón Dorotea,
tripúlalos a los dos;
no te cases por ogaño,
pues agüeros socarrones,
entre agujas y punzones
te anuncian hurtos de paño.
Mira que te han de agarrar
cuando la muerte te arrastre,
como el ánima del sastre
suelen los diablos llevar.

Dorotea La pobreza del que escribe
el roto papel, es tal,
que si gasta su caudal
y lo que en dote recibe,

podrá ser que después venga
a ser sastre, por tener
en qué ganar de comer.

Pendón — Pues dile: «Dios le mantenga».
Pero, siendo caballero
¿ha de admitir tal desastre?
Mas del Caballero sastre
vi yo una farsa.

Dorotea — No quiero
sino a Grimaldo que, en fin,
nunca fue pobre el letrado.

Pendón — De un pelón a un licenciado
vas de rocín a ruin;
pero los temores deja
y olvida al sastre prolijo
que por ellos no se dijo
mete aguja y saca reja.

(Saca un papel y lee.) «En vano estudiar intento
leyes que me den el grado,
si en las de Amor ocupado
me usurpas el pensamiento.
Tirana de mis desvelos,
¿qué leyes podré estudiar
si no las saben guardar
tus mudanzas y mis celos?
Dicen que será tu esposo...»

(Dentro.)

Uno — ¡El sastre, el sastre!

Pendón ¿Otra vez?

Dorotea La rueda de mi altivez
postra este nombre enfadoso.
Pendón, ¿qué es esto? ¡Jesú!
Ya de conjeturas pasa
esto a verdad, ¿en mi casa
dueño un sastre?

Pendón ¡Bercebú
lleve el papel!

Dorotea Mil pedazos
le hice.

(Rásgale.)

Pendón Bien, que pues mujer
de un sastre tienes de ser
ya el papel dio los retazos.
No te cases, que es encanto
todo lo que hemos oído.

Dorotea ¿Yo, cielos, con un marido
sastre? ¿cómo?

(Dentro.)

Uno Sastre y Santo.

Pendón Cá, no hagas caso ya
del proverbio, el temor deja.
¿No oíste lo que a la reja

dijeron?

Dorotea Sí.

Pendón ¿Pues podrá
cumplirse? ¡Buen desvarío!
Vuelve en ti, pierde el espanto.

Dorotea ¿Pues por qué no?

Pendón ¿Sastre y Santo?
¿Blanco y negro? ¿Fuego y frío?
Los sastres sirven de lastre
hacia las bombas oscuras;
cargado de sisaduras
mal podrá volar un sastre.
Incasable has de pasar;
porque decir que has de ser
de un sastre santo, mujer,
es lo mismo que afirmar
que el conseguir tú marido,
vendrá a ser difícil tanto
como hallar un sastre santo,
que desde Adán no le ha habido.

(Sale Homo Bono, mozo en mediano traje.)

Homo Dios en esta casa sea
y A vuesas mercedes guarde;
hanme dicho que esta tarde
la señora Dorotea
—si es vuesasted no lo sé—
me envió a casa llamar;
no dio un negocio lugar

entonces.

Dorotea ¿Yo, para qué?

Homo Para cortar un vestido.

Dorotea Quien tal dijo le engañó.

Homo Debí de engañarme yo;
no importa, poco hay perdido;
vuesa merced me perdone.

Pendón El pronóstico se va
cumpliendo.

Dorotea Oiga, vuelva acá;
su buena cara le abone;
¿pues él es sastre?

Homo A servicio
de Dios y vuesa merced.

Dorotea (Aparte.) (Pensamientos detened
las riendas a mi jüicio.
¡Válgame Dios! Por la calle
un sastre me pronostica
por marido, quien publica.
que por esposo he de amalle,
y apenas malicias temo
cuando, sin llamarle yo,
por mis puertas se me entró
un sastre, ¡qué extraño extremo!
Pero su buena presencia
causa a mi temor quietud.

¡Qué gallarda juventud!)

Homo

Iréme con su licencia,
pues que no soy menester.

Dorotea

Ya que vino, escuche un poco.
O fue necio, o era loco
quien le aconsejó escoger
oficio tan desvalido
a un hombre de tan buen talle,
que un rey pudiera ocupalle
siendo su favorecido
en otro de más valor.
Sastre un mozo tan gallardo?

Homo

Siéndolo, señora, guardo
el ser que heredé mejor.
Tuvo este oficio mi padre
y en él mismo le heredé.

Dorotea

¡Qué mal hizo!

Homo

Pues ¿no ve
que naturaleza madre
que distribuye prudente
sus dones a cada cual
con repartimiento igual,
al ser bajo, o eminente
que cría en cualquier sujeto
me obliga a esta profesión?
Nunca aspira a ser león
el cordero.

Dorotea

¡Qué discreto!

Homo

El bruto que con su piel
una vez. se disfrazó,
causa de su afrenta dio
a los que burlaron de él;
la ocasión de estar perdido
el mundo, es porque cualquiera
no contento con su esfera
se eleva desvanecido.
Viste seda el oficial,
porque anhela a ciudadano,
y éste con la hacienda sano
ser quiere al hidalgo igual;
el hidalgo, caballero,
y el caballero, marqués,
éste príncipe, y después
el príncipe, rey severo;
el rey hasta emperador
no para, siempre anhelando,
y ansí se van despeñando
desde el esclavo al señor.
Si el hijo del jornalero
en la azada se ocupara,
el oficial trabajara,
y contento el caballero
con lo que el cielo le ha dado,
no saliera de compás,
pretendiendo valer más,
todo anduviera ordenado;
yo, en fin, que en mi esfera
estoy ansí mi oficio entretuve;
padre que fue sastre tuve,
sastre nací, y sastre soy.

Pendón (Aparte.) (Y tal sastre que pudiera
ser sastre predicador.)

Dorotea (Aparte.) (¿Qué es esto civil amor?
Ya no soy la que antes era;
garnachas apetecía
y ya adoro a quien las roce;
entróse en casa y entróse
también en el alma mía.
¡Bien haya quien fue profeta
de lo que también me está!
¿Mas si éste el sastre será
que el proverbio me interpreta?
Séalo, y yo le perdono
todo el susto que me ha dado.
¿Hay tal cara, hay tal agrado?)
¿Cómo se llama?

Homo Homo Bono.

Pendón (Aparte.) (¡Buen hombre! Lindo apellido;
porque el buen hombre es de modo
que suele pasar por todo,
circunstancia de marido.)

(Dorotea habla aparte a Pendón.)

Dorotea Pendón, ¿no le llamó ansí
el que pasó por la calle?

Pendón Homo Bono, oí nombralle.

Dorotea El cielo le trujo aquí
para que mi dueño sea,

y si el cielo lo ordenó
no he resistirle yo.

Pendón (Aparte.) (Será sastra, Dorotea.)

Homo Yo aquí no soy menester
y ya se va haciendo tarde;
quédense con Dios.

Dorotea Aguarde;
que ya que vino he de hacer
una ropa; la medida
puede empezarme a tomar.

Homo ¿Y qué color?

Dorotea Verdemar.

Homo Imagen de nuestra vida
es, señora, este color,
verde, que en breve se seca,
mar que sus bonanzas trueca
en naufragios; mar y flor
es la caduca hermosura
que en un instante se altera.

Pendón (Aparte.) (¿Sermoncitos? Mejor era
este sastre para cura.
Voyme de aquí que he sentido
no sé en mí qué devoción
y seré el primer Pendón
de los sastres convertido.)

(Vase.)

Dorotea

¿Mozo moralizáis tanto?
Dejad a las canas eso.

Homo

Yo hablo en lo que profeso.

Dorotea (Aparte.)

(¿Mas si hubiese un sastre santo
y fuese éste?) Comenzad
a ajustarme la medida,
y advertid que guarnecida
la ropa con variedad
curiosa, a vuestra elección
han de ser los pasamanos.

Homo

¡Ah, señora, y qué de vanos
trajes usa la ambición!
Si yo los he de escoger,
pasamanos la prometo
que causen gusto al discreto,
y hermosura a la mujer.
Por lo vistoso y lo vario
en la invención y colores,
los pasamanos mejores
son en ellas el rosario;
que si las manos le pasan
de pasamanos podrán
servir al alma, pues dan
pasaporte al cielo, y pasan
con discreción y medida
nuestras acciones violentas,
tomando cuenta sus cuentas
a los gastos de esta vida.

Dorotea

No es cara predicadora

la vuestra, porque es muy buena;
ni en la facultad ajena
ocupéis la vuestra agora;
   a andar curiosa me inclino
y en breve casarme espero,
sastre hipócrita. Yo os quiero
sastre humano y no divino.
   Tomad la medida ya
y sacareos el tabí
que cortéis.

Homo

¡Qué frenesí
vestiros de eso será!
   Vuestro honor ponéis en duda;
que galas son incentivos
del pecado; advertid vivos
ejemplos: Eva desnuda
   andaba cuando era santa,
vistiose pecadora.
a culpa fue la inventora
de gala y soberbia tanta;
   cortó ropas el delito,
¿y de él queréis componeros?
A nuestros padres primeros
se las dio por sambenito
   Dios, que sus culpas señala
en el hombre y la mujer;
¿pues no es vanidad hacer,
vos del sambenito gala?

Dorotea

   Esto se usa, acabad ya
que quien casarse pretende
obliga, pero no ofende
curiosa.

Homo

¿Y parecerá
mal, a quien os manifiesta
deseos del conyugal
amor, si con traje igual
os ve curiosa y honesta?
Si lícitamente os ama,
más os querrá virtüosa.
Quien os busca para esposa
no os pretende para dama,
porque en éstas solicita
el vicio su torpe arreo,
que como el pecado es feo,
de las galas necesita;
pero en el tálamo justo
la virtud sola ha de ser
galas con que la mujer
dé seguridad al gusto.
Vos sois hermosa que basta;
dejad tabíes a las feas,
que las mejores preseas
son virtudes en la casta.

Dorotea

Persuasión la gracia os dio
con que eficaz convertís.
Sastre santo, vos vestis
almas, que los cuerpos no.
Escoged pues de que sea
la ropa que he de traer,
que desde hoy tiene de ser
discípula Dorotea
de vuestra sabia doctrina,
si ya, por ser más feliz,
no fuera vuestra aprendiz.

(Aparte.) (A cuanto quiere me inclina.
Si gallardo me enamora,
virtüoso me reprime.
¡Ay cielos, haced que estime
el corazón que le adora!)

Homo
Dejad eso por mi cuenta,
veréis cuan curiosa y grave
os saco a vistas.

Dorotea (Aparte.)
(No sabe
el alma en verle contenta
apartarse de los ojos.)
¿Qué es eso?

Homo
Es la medida,

(Saca una medida de pergamino.)

que si fuera conocida,
con más humildes despojos
se vistiera el que es discreto.
Ya veis que es de pergamino,
y fue misterio divino,
que el pergamino, en efeto,
es piel de un cordero muerto,
porque de pieles vistió
Dios nuestros padres, y dio
con tal ropa aviso cierto
a los hombres que los males
del goloso y triste hechizo
por su soberbia los hizo
generalmente mortales.
Mida pues el pergamino

las ropas, y si es cordero,
Cristo lo fue verdadero
ya humano, si antes divino;
  que si me ajusto y me visto
de él, cumpliré en tal demanda
lo que San Pablo me manda,
que es que me vista Cristo.
  Comencemos por aquí.

(Saca la tijera, ábrela y besa el nudo.)

Dorotea ¿Por qué besáis la tijera?

Homo Porque la cruz considera
el alma en ella.

Dorotea Es ansí;
  mirad que soy de cintura
estrecha, medidla bien.

Homo Estrechez pide también
Dios, señora a la criatura,
  ceñir nos manda y tener
en la mano ardiente luz.
Cristo se estrechó en la cruz,
lo mismo habemos de hacer
  para escapar de los lazos
donde el alma pierde pie.

(Al tiempo que la ciñe la cintura con la medida, tropieza ella y abrázase con él.)

Dorotea ¡Válgame Dios, tropecé
por teneros en mis brazos!

Homo ¡Suelte! ¡Jesús! ¿Está en sí?

Dorotea En mí no, que en vos estoy;
el alma os di, agora os doy
los brazos, doléos de mí.
No penséis que os solicito
para el amor reprobado;
para el tálamo sagrado
os llamo, en él os admito.
Rica soy, de un mercader
caudaloso fui heredera;
un caballero me espera
y un letrado por mujer.
Vos sois sastre, ¿mas qué importa?
poco oficio nos divide,
paños el mercader mide
y el sastre los mide y corta.
Honesto me habéis rendido,
gentil me habéis hechizado,
mozo me habéis abrasado
y santo me habéis vencido.
Cortad para nuestra boda
galas, sed esposo y sastre.

Homo Tal vez lleva a pique el lastre
la nave y la gente toda.
Tormenta se ha levantado
que los apetitos ciega,
y cuando el alma se anega
remedio es echarse a nado.
Dichoso aquél que se escapa
del golfo y del mar se aleja.
Adiós, que en la mano os deja
tentación, Josef, la capa.

(Vase y déjala la capa.)

Dorotea

¿Qué es esto? ¿Tal menosprecio
sufre una mujer honrada?
¡Ola, criados, vecinos,
agravios de amor me abrasan!

(Sale Pendón.)

Pendón

¿Quién da voces? ¿Qué tenemos?

Dorotea

Aquél hombre, aquél que engaña
con hipócritas mentiras,
santo solo en las palabras,
aquél que virtudes vende,
aquél que se entró en mi casa
sin llamarle, aquél...

Pendón

¡Qué aquelas!
¿Di quién es, que estás extraña?

Dorotea

El que llaman Homo Bono
y es hombre malo, intentaba
luego que de aquí te fuiste...

Pendón

¿Qué? ¿Hacerte de una vez sastra?

Dorotea

Deshonrarme.

Pendón

¡Por lo menos!
Y por lo más, ¿qué buscaba?
Miren, si te dije yo,
¿sastre y santo? ¡Cosa rara!

Cuervo blanco, nieve negra,
luz oscura, firme paja,
Sol de noche, poeta rico,
caballero sin mohatras,
viuda de noche y sin duende,
doncella no pellizcada,
tahúr sin echar por vidas,
contrabajo y beber agua,
es decir que hay sastre y santo.

Dorotea

Dejóme, cuál ves, la capa
cuando vio que daba voces.

Pendón

Mira; un sastre es cosa usada
sisar para su pendón
cuanta ropa rica o basta
encomienda a la tijera,
por eso son desbocadas.
Vióte virgen e intentó,
imaginándote intacta,
hacerte virgen Pendona
y por esto te sisaba.

(Sale Roberto, viejo.)

Roberto

Alborotado y en cuerpo,
vi, que salió de esta casa
mi hijo, y sin que pudiese
detenerle. Más me espanta
cuanto más sé su modestia;
¿qué accidente será causa
de tan nueva turbación?
Mil dudas me ofrece el alma.
Señora, saber quisiera

qué suceso o qué desgracia
a un hijo que me dio el cielo,
huyendo y turbado saca
de aquí, donde entró a serviros.

Dorotea — ¿Es hijo vuestro el que llaman
en Cremona el Homo Bono?

Roberto — Sí, señora.

Dorotea — Mal se hermanan
nombre y obras.

Roberto — ¿Pues por qué?

Dorotea — Porque en acciones contrarias,
cuando virtudes predica,
vicios contrarios le infaman.
A que cortase un vestido
le llamé.

Pendón — Mejor cortara
ribetes el sastricida,
que remedian boticarias.

Dorotea — Y quedando con él sola
quiso...

Pendón — Quiso golosmearla.

Roberto — ¿Vísteslo vos?

Pendón — Acechélo.

Roberto ¡Mirad lo que decís!

Dorotea ¡Basta!

Roberto Reparad, señora mía,
que mi hijo es en Italia
el Sol de la compostura.

Pendón Soles hay que anuncian agua.

Roberto Mirad que en él no hasta ahora
vio la torpeza en su cara
señal por donde pudiese
la malicia murmurarla.

Pendón Hay caras ya taberneras
que venden a los que engañan
vino que es vinagre y zupia.

Dorotea ¿Conoceréis esta capa?

Roberto Ésa es suya.

Dorotea Y es testigo
de su torpeza villana;
que, porque me oyó dar voces,
dejó en ella vinculada
mi deshonra y su delito

Pendón Y también se echa a las vacas
la capa como a los toros.

Roberto Si eso es verdad; la venganza
os dará quien le dio el ser;

pero afirmarlo vos basta,
que os respetan bien nacida
y os autorizan honrada.
Humilde oficio profeso,
pero en mi esfera se guarda
la opinión como la vida,
que hasta aquí no admitió mancha.
¡Vive Dios! ¡Que he de verter
su sangre para lavarla,
si como es un hijo solo
fuera del orbe monarca!

Dorotea — ¿Luego, vais a darle muerte?

Roberto — ¿Pues no es justo?

Dorotea — ¡Ay, desdichada!
No le matéis que le adoro.

Pendón (Aparte.) — (Derrengóse con la carga.)

Dorotea — Haced vos que sea mi dueño,
gobierne mi hacienda y casa,
médreme yo esposa suya,
quedaré alegre y vengada.

Roberto — ¿Pues no decís que intentó
forzaros?

Dorotea — Mal me forzara
quien por derecho del cielo
es dueño único de mi alma.
Forzóme a adorarle Amor,
porque es fuerza voluntaria

la belleza, que un discreto
llamó apacible tirana.
Mano le pedí de esposo,
ya sabéis vos si hacendada
le igualo en la profesión,
no digo le hago ventaja.
Despreciόme, huyó y quedé
sin el dueño y con la capa
como al tahúr que ha perdido
le consuela la baraja;
padre —que os doy este nombre—
sedlo en remediar mis ansias.
Virtud quiero, que no hacienda;
muchos su dueño me llaman
que mi mano solicitan.
Homo Bono es quien me abrasa,
no en torpe fuego, eso no,
pero sí en honestas llamas.
Sed tercero vos en ellas
o prevenid a desgracias
que en mí han de ser infalibles
tragedias que os den infamias.

Roberto

Señora, siendo eso cierto,
mucho más mi hijo me agravia
en no estimar prendas vuestras
que primero en violentarlas.
Buscábale compañía
que con belleza mediana
virtudes trujese en dote,
caudal que nunca se acaba;
agora, pues, que hallo en vos
hermosura, hacienda, gracia,
virtud, amor y cordura,

¿qué pretendo? ¿Qué le falta?
Siempre me ha sido obediente.
Como en vos no haya mudanza,
yo sé que habrá en él deseos
que los vuestros satisfagan.
Mañana vendrá a rendiros
el alma y pecho.

Dorotea ¿Mañana?

Pendón (Aparte.) (No, sino hoy. Prisas doncellas
luego opilan si se tardan.)

Dorotea Cumplid como prometéis.

Roberto Desempeñaré palabras
con obras que yo apetezco.

(Vase.)

Pendón (Aparte.) (Mire que las que se casan,
los instantes de sus bodas
juzgan leguas de la Mancha.)

(Salen Grimaldo de estudiante y Lelio de caballero.)

Grimaldo Dorotea, litigantes
sobre tu amor, Lelio y yo,
la esperanza nos citó
a tus estrados amantes.
Amigos éramos antes;
mas pleitos de tu bondad
mudan nuestra voluntad
en competencia enemiga,

que si es cuerdo, no hay quien diga
que en pleitos hay amistad.
El alega de su parte
favores que tú le has hecho,
y yo informo en mi derecho
muchos más para obligarte;
sentencia con declararte
a quién escoger ordenas,
porque remates las penas
de la esperanza que agostas,
y condenarásle en costas
si a tu olvido le condenas.

Lelio

Yo sé que con buenos ojos
mi amor miras y agradeces
mi voluntad, cuantas veces
das alivio a mis enojos.
Píntase Amor con antojos
en fe, que es corto de vista;
podrá ser que en tu conquista
se engañe porque ve mal;
por eso en tu tribunal
viene a explicar la revista.
Noble soy, expectativa,
tengo de ser sucesor
de un tío cuyo valor
como en sangre en oro estriba;
quieran los cielos no viva
un hijo que tiene en poco,
que si yo su hacienda toco,
y conquisto tu belleza,
mi calidad y riqueza
darán envidia a este loco.

Grimaldo

De tu esperanza homicida
colegir tu engaño puedes,
pues para que rico quedes
han de perder dos la vida.
La mía no es tan falida,
pues a menos costa espero,
si el grado que pido adquiero,
enriquecer sin matar,
que es bajeza el desear
tanta muerte por dinero.

Dorotea

Lelio, Grimaldo, yo estoy
por entrambos obligada,
y también determinada
a declarar cuya soy.
Dadme de término hoy,
y prevenid la paciencia
para mañana, en mi audiencia;
que si el pretender es justo,
en tribunales del gusto
dará mi amor la sentencia.

(Vase.)

Lelio

Respondiónos en enigma.

Grimaldo

Sí; mas de ambiguas razones
en sus ojos mis pasiones
han visto lo que me estima.

Lelio

Vana esperanza te anima,
cuando penetra mi amor
el que me tiene interior.

Grimaldo	Cuando tu soberbia abajes y Amor se obligue a mis gajes, tu engaño conocerás.
Lelio	Yo sé que me envidiarás.
Pendón	«Lo veredes», dijo Agrajes.

Fin de la primera jornada

Jornada segunda

(Salen el santo Homo Bono, muy galán en cuerpo; Pendón ayudándole a vestir, Roberto y Valerio.)

Homo

Forzando mi inclinación,
aunque debo obedecerte,
padre, tu jurisdicción
agravias.

Roberto

Quiero ponerte
en estado y en razón.
No tengo hijos más que a ti
y, aunque el oficio no sea
generoso, que adquirí,
se iguala con Dorotea
la calidad que te di.
Sastre soy, mas bien nacido.
Con su dote realzarás
tu casa. Helo prometido,
después que rebelde estás
la virtud has desmentido
que en ti celebra Cremona.

Varelio

Primo, resistir el gusto
de vuestro padre no abona
vuestra humildad.

Homo

Ni eso es justo.

Roberto

Lelio, que con ser persona
de las nobles del lugar,
por dichoso se tuviera
de ser su esposo. Ha de usar

de violencia y no quisiera
sus parientes provocar.
  Ella te adora y yo intento
el bien a que te encamina.

Pendón — ¿Es por dicha el casamiento
ir a conquistar la China
o hacer batalla con ciento?
  ¡Vive Dios que he conocido
hombre yo, que se casaba
cada domingo, y marido
de a semana, se mudaba
como camisas!

Homo — Yo he sido
  desdichado en no tener
padre que no violentara
(Aparte.) mi inclinación. (¿Qué he de hacer?
Mi Dios, serviros gustara
sin estorbos de mujer.)

Varelio — Dorotea es cuerda y bella.

Homo — Sea más que el Sol hermosa
y forme de mí querella;
que yo no apetezco cosa
que dan dineros con ella.
  La más vil mercadería
tiene algún precio y valor;
las piedras, la arena fría,
el heno frágil, la flor,
la yerba que el prado cría;
  solo a quien casarse atreve
dote con la mujer dan,

porque así se le haga leve.

Pendón — Es pagar al ganapán
para que la carga lleve.

Roberto — Acábate de vestir
que es tarde; no seas pesado.

Homo — Si a velarme tengo de ir,
y al muerto velan, velado
agora, voy a morir.

Roberto — En una quinta te espera
y hoy las vistas han de ser.
Imita a la primavera
en galas; porque es mujer
de buen gusto, y no quisiera
que hallase en ti imperfección
que su amor desazonase.
Háblala con discreción
y finge, aunque no te abrase,
que eres de la Sol Faetón.
No apartes los ojos de ella,
suspira de cuando en cuando;
tómala una mano bella.
Si estás con otros hablando
hazla entender que por vella
ni en lo que dices estás
ni a propósito respondes,
y de esta suerte verás
cuan presto en tu pecho escondes
el amor que huyendo vas,
y empezarás a adorar
lo que por no conocer

hasta aquí te dio pesar.

Pendón — Amar, rascar y comer
no está en más que en comenzar.

Roberto — Mientras que Pendón te vista
la voy a avisar; ven luego.

(Vanse Roberto y Valerio.)

Homo (Aparte.) — (Mejor me fuera el ir ciego,
que a tales vistas con vista.
Mi Dios, para que resista
tal violencia, dadme fuerza
antes que mi padre tuerza
mi libertad y la doble;
que no es la voluntad roble
para dar fruto por fuerza.
Yo estoy contento, mi Dios,
con mi quieta soledad;
aquí de Dios libertad,
¿por qué no volvéis por vos?
Pero diréis que entre dos
conserva el Amor su estado,
que la soledad da enfado;
pero solo alumbra Apolo;
que más vale vivir solo
que no mal acompañado.)

Pendón — Ea, novio Capuchino;
a vistas Amor te llama,
sombrero te da la fama
con plumas para el camino.
Su casa te espera toda

con la novia en una quinta,
donde el Amor mayos pinta.
Goza del pan de la boda,
  que te amasa la belleza
de una mujer, que agora es
miga toda, aunque después
se te ha de volver corteza.
  Busca dientes de diamante
porque las mujeres son
por lo dulce, de turrón,
por lo duro, de Alicante.
  Vístete si has de ir allá.

Homo

Bien sabes tú, cuan pesado
tiene de serme este estado.

Pendón

Si un yugo por premio da,
  ya colijo las molestias
de una mujer que es verdugo,
que no suele ser el yugo
sino para domar bestias.
  Diérante a ti andar de día
de jubileo en sermón;
no dejar congregación,
no perdonar obra pía,
  disminuyendo procesos,
consultando confesores,
reprehendiendo jugadores,
dando libertad a presos,
  y a la noche en hospitales,
entre humildes ejercicios,
desopilando servicios
y bazucando orinales.
  En oyendo el esquilón,

a pesar de lodo y vientos,
acompañar sacramentos
de Dios y su extrema unción;
volver a casa a lo mudo,
o royendo Ave Marías,
cenar dos lechugas frías
y un huevo entre asado y crudo;
dormir sobre una tarima
poco y mal, y aunque a maitines
fuiste acallando mastines,
volver a la iglesia a prima,
que en este entretenimiento,
que otros llamarán castigo,
no estimarás en un higo
el más rico casamiento.

Homo

Solo eso, amigo, apetezco,
y sin ello me va mal;
siendo éste mi natural,
poco o nada en él merezco;
pero, en fin, me dan mujer.

Pendón

Casarte y tener paciencia;
que no es mala penitencia,
pues tantas sueles hacer;
que en fe de lo que aprovecha
puedes hacer, si te casas,
cuenta, que esta vez te pasas
a religión más estrecha.

Homo

Más con eso me molestas.

Pendón

Vístete si habemos de ir.

Homo — ¿Cómo tengo de sufrir,
cielos, tanta carga a cuestas?

Pendón — Como quien lleva la cruz
del matrimonio excelente;
tú serás el penitente
y yo el cófrade de luz;
mas mira, pues que te casas,
si vivir seguro quieres,
advierte que las mujeres
son castañas en las brasas,
regalarlas y quererlas,
mas si en fe de tus amores
se te suben a mayores,
porque no salten morderlas;
ni tanta mano las des
que vengan a ser cabeza,
ni muestres tanta extrañeza
que las imagines pies.

(Pónele la capa.)

Si en estos peligros dos
quieres hallar el remedio,
la virtud consiste en medio;
que no sin misterio Dios.
Cuando a la mujer ser da,
en fe de esta maravilla,
la formó de una costillá
que en medio del cuerpo está,
y con esto emplumaté
pues ya te he puesto las galas.

(Pónele el sombrero.)

Homo — ¡Ay plumas, servidme de alas
y de una mujer huiré!

Pendón No me espanto que te pese,
que es carga de ganapán,
y si Dios se la dio a Adán
aguardó a que se durmiese.

(Vanse. Salen Dorotea, muy bizarra, Sabina y Esperanza, criada.)

Dorotea ¡Bella quinta!

Sabina Deleitosa.

Dorotea En ella la primavera,
que de estas vistas espera
verme de su mayo esposa,
también hace ostentación
de sus galas el abril.

Sabina Mira en tazas de marfil
brindar la murmuración
de estas fuentes a la risa,
que cuando la sed provocas
se hace por ti toda bocas.

Esperanza Mientras murmura te avisa,
sino es que te reprehende,
del pago injusto que has dado
a Grimaldo y Lelio.

Dorotea Estado
mejor es el que me enciende.
Yo quiero excusar enojos
de por vida, y la quietud
de una cuerda juventud

gozar, que esta vez con ojos,
  Amor, si en las demás ciego,
hizo elección en mi abono
de un hombre que es Homo Bono
y me promete sosiego.

Sabina

  Si no fuera sastre, bien.

Dorotea

De la virtud hago estima.
Hacienda me sobra, prima,
con que envidiándole estén
  caballeros de Cremona.
Corresponda él a mi amor,
vivirá como señor;
que si el oro es el que abona,
  no usando más ese oficio,
el que yo le pienso dar
le puede calificar.
Yo no me caso por vicio
  sino por virtud, que es tanta
la que en él he conocido,
que por ella le he elegido.

Sabina

Enamorada eres santa;
  no te arrepientas casada,
prima, que me pesaría
de que fuese hipocresía
la que perfección te agrada.
  Informa antes la noticia
si no es que ciega te abrasas;
porque ya como las casas
hay santos a la malicia.
  Unos fingen aspereza,
y aforran, porque es más blanda,

la jerga y sayal de holanda,
que es virtud en la corteza.
  Otros muestran que a lo oscuro
no comen más que ensalada
con pan, y a puerta cerrada
son secuaces de Epicuro.
  Guárdate no haga otro tanto
el esposo que te espera,
porque hay santos de hacia afuera
no de hacia dentro.

Dorotea

Mi santo
  no es de ésos, denme los cielos
que viva en su compañía;
que no temo, prima mía,
que se desvele con celos;
  que jugándome mi dote,
mis joyas empeñe o venda,
que desperdicie mi hacienda,
que mis deudas alborote,
  porque, en fin, no es de este mundo.
Y aunque esa simplicidad
den nombre de necedad
cortesanos —en quien fundo
  todo el caudal en engaños—
para cosas de importancia
es cuerdo, aunque la ignorancia
haga burla de sus años.
  Él, en efecto, es bastante,
para ser apetecido,
y mejor para marido
que para galán o amante.

Esperanza

Será a lo que yo imagino,

junipero por lo llano,
mentecato por lo humano,
gangoso por lo divino;
que andará desaliñado
y dirá que es por llaneza,
cabizbajo de cabeza,
el cuello o sucio o ajado,
y dirá que es vanidad
lo que el mundo ornato llama,
y si en muestras de que te ama
saca a luz la voluntad
—que no será en todos días
sino en las Pascuas de Flores—
en vez de decirte amores
te rezará Ave Marías.

Dorotea
Yo he de casarme con él,
y no tú; contenta estoy
¿qué quieres?

(Salen muy galán Homo Bono, Roberto y Pendón.)

Roberto
Un hijo os doy
señora, y cifrada en él
la voluntad que se debe
a vuestro sobrado amor.

Dorotea
Prima, dejando el valor
con que el soberbio se atreve
y a que mi esposo le falte,
mira cuán cuerda le adoro.
¿No es todo él un pino de oro
pues la virtud es su esmalte?

Sabina — Buen talle tiene.

Roberto — Levanta
la vista y si no te ciega
su belleza, a hablarla llega.

Homo — Dios, señora, os haga santa.

Sabina (Aparte.) — (¿Por santidades comienza?)

Esperanza (Aparte.) — (Devota salutación
para entrada de sermón.)

Roberto — El novio tiene vergüenza;
su turbación perdonad,
que el más discreto, cuando ama,
la primer vez que a su dama
ve, dice una necedad.

Pendón (Aparte.) — (¿Una? Él dirá más de ciento.)

Homo — ¿Por necedad juzgáis vos
el decir que la haga Dios
santa? ¡Jesús!

Roberto — El intento
es bueno, pero no viene
a propósito.

Homo — Confuso
estoy.

Roberto — El amor y el uso
su idioma y términos tiene.

Homo ¿Pues, qué había de decilla?

Roberto A fue de los cortesanos,
«bésoos, señora, las manos»
arrastrar luego la silla
y preguntar: «¿Cómo estáis?»,
que es el común A. B. C.

Homo «Bésoos las manos» ¿por qué?
¿Necedad en mí llamáis
el decir que la haga santa
Dios, y en el mundo no veis
las necedades que hacéis
ni su mal uso os espanta?
Estornuda un caballero
y a los que les corresponden,
«bésoos las manos» responden
en pie y quitado el sombrero,
y a los que «Dios os ayude»
dicen, notan de villanos;
en fin, que besar las manos
al otro porque estornude
mirar qué merced les hace.
Traen luces cuando anochece,
y descortés les parece
al cuerdo que satisface
con decir que Dios les dé
buenas noches, solamente
al besamanos consiente
el uso necio. ¿Por qué
si tú la luz no me has dado
besarte es bien que permitas
las manos y a Dios le quitas

las gracias que te ha alumbrado?
Ved si entre necedad tanta
son términos más cristianos,
que no besarla las manos
el decir: «Dios la haga santa».

Roberto
No desdice el ser cortés
de la virtud que es curiosa;
siéntate junto a tu esposa.
Dile amoroso después
la buena suerte y ventura,
que medras en merecella,
que estás perdido por ella,
que al Sol vence en hermosura,
que su discreción te admira.

Homo
¿Eso he de decirla?

Roberto
¿Pues?

Homo
¿No debes de advertir que es
pecado el decir mentira?

Roberto
Éste es encarecimiento
que usa el amor ordinario.

Homo
Afirmando lo contrario
de lo que imagino miento.
Si yo por mujer la tengo,
¿por qué Sol la he llamar?
¿Ni cómo podré afirmar
que perdido a verla vengo,
si no es porque el tiempo pierdo
de que he de dar a Dios cuenta?

Mentir un hombre es afrenta.
Téngame por necio o cuerdo.
Cáusela gusto o enfado.
Mal o bien conmigo esté,
porque yo no mentiré
por cuanto Dios ha criado.

Roberto

Anda ignorante, que están
por ti en pie, siéntate allí
y lo que te mando di.
Sé airoso, afable y galán;
Que —¡vive Dios!— si en desprecio
de lo que mando que digas
con amores no la obligas
y te confirma por necio,
—que sí hará porque es discreta—
que en Cremona no has de estar
un hora.

Homo

Marido, en mar
empieza que siempre inquieta.
Si a su golfo, padre, incierto
me arrojas, donde no hay pie,
huyendo de aquí saldré
como el que naufraga al puerto.
Bien me puedes desterrar,
que, escogiendo ese partido,
de marido, admito el «ido»
por no perderme en el «mar».

Roberto

Obedece lo que mando
que —¡vive Dios!...

Homo

Yo lo haré;

no jurés.

Roberto — Acercaté.

Homo — Al fuego me voy llegando.

Roberto — Muestra en el rostro alegría.

Dorotea — ¿No tomáis silla, señor?

Esperanza (Aparte.) — (Albarda fuera mejor.)

Dorotea — Asentaos, por vida mía.

Homo — No haré cierto. Yo estoy bien;
sentaos, mi señora, vos...
(Aparte.) (Sacadme de esto, mi Dios)
...padre, siéntese aquí.

Pendón — Bien

Roberto — No soy yo el que a vistas vengo;
tu lugar es, hijo, ahí,
y éste el mío, porque aquí
que hablar a Sabina tengo.

Dorotea — Por mi vida que os sentéis.

(Siéntase el viejo Roberto con Sabina aparte, y el Santo Homo con Dorotea, a otro lado.)

Homo — Dos veces habéis jurado.
¡Jesús! Ya yo estoy sentado,
a trueco que no juréis;

y si se hace el casamiento
quieroos, señora, avisar,
que nunca habéis de jurar,
porque es contra el mandamiento
segundo.

Dorotea

Si el alma os di
y en amaros persevero,
en prueba de lo que os quiero,
yo juro cumplirlo ansí.

Homo

Pues no juréis otra vez.

Sabina

Demasiado escrupuloso
es, Roberto, nuestro esposo.

Roberto

¡Está turbado, pardiez!

(A Esperanza.)

Pendón

¡Ola! ¿Tú cómo te llamas?
¿Inés, Dominga, Teresa,
Casilda, Olaya, Ginesa?
Que mientras nuestras dos damas
desbastan aquel zoquete,
tú y yo hemos de en par en par.

Esperanza

¿Qué es eso de «tú»?

Pendón

Es hablar
sincopado. ¡Buen jarrete
tienes: moza eres rolliza!

Esperanza

¡Arre allá!

(Dale.)

Pendón — ¡Válgate un jo
que con arre emparentó!

Esperanza — Eso a la caballeriza
y no conmigo.

Pendón — ¡Oh, fregata!

Esperanza — ¡Oh, sisón!

Pendón — ¡Oh, estropajera!

Esperanza — ¡Oh, alca...

Pendón — ¡Paso, cernedera!

Esperanza — ...huete!

Pendón — ¡Paso, carichata!

Esperanza — No hay paso.

Pendón — Pues, haya envido.

Esperanza — Ni hay envido.

Pendón — ¡Oh, vaciatriz!

Esperanza — ¡Oh, sastre, y más aprendiz!

Pendón — Malo, doyme por vencido.

Roberto — Cásese él, que esos extremos
el tiempo los curará.

Sabina — Hablando con ella está,
lo que la dice escuchemos.

Dorotea — En fin, ¿no me decís nada?

Homo — Nada os digo, pues que callo.
Yo os prometo que no hallo
cosa, señora casada,
que deciros de momento.

Dorotea — Créolo, que amor desnudo
a los principios es mudo;
el propio efeto en mí siento,
que estoy muy enamorada,
señor y dueño de vos.

Homo — Más vale estarlo de Dios,
que yo no os sirvo de nada.

Dorotea — Amaros para marido
no es con intento liviano.

Homo — ¡Plegue a Dios!

Dorotea — Dadme la mano.

Homo — ¡Jesús! ¿yo mano?

(Retírala.)

Dorotea — Encogido
sois, dadla acá.

Homo — No hay que hablar;
o estas son vistas o no.

Dorotea — Solo a veros vine yo.

Homo — Ver, pues, pero no tocar.

Dorotea — Mal debo de pareceros.

Homo — No me parecéis muy bien,
mientras belleza no os den
los adornos verdaderos
que la virtud califican.
Yo, en fin, he de obedecer
a mi padre; si mi mujer
habéis de ser, cual publica
deseos que os agradezco,
asentemos condiciones.

Dorotea (Aparte.) — (Cuanto más secas razones
me dice, más le apetezco.
Dios debe de ser servido
que este hombre mi dueño sea.)

Homo — Vos, señora Dorotea,
habéis de mudar vestido
que con más honestidad
se proporcione a mi estado.
Soy un sastre; no me han dado
mis padres más calidad.
¿Qué queréis que el vulgo diga

cuando os viera entronizada,
sastre yo, vos adornada,
de andar en coches amiga,
  sino murmurar delitos
contra mi buena opinión?
Las galas superfluas son
en el pobre sambenitos.

Dorotea

  Yo tengo sobrada hacienda
para que oficio mudéis,
y el que ejercitáis dejéis.

Homo

Eso no, ni lo pretenda
  quien bien me quiera. Cabeza
todo marido ha de ser
a quien siga su mujer.
Dióme la naturaleza
  esta humilde profesión,
y vos habéis de imitarme,
no yo á vos, que es afrentarme.

Dorotea

Aceto esa condición.
  ¿Queréis más?

Homo

                    Querreos mucho,
si los domingos y fiestas
os confesáis, porque en éstas
andar las damas escucho
  vagando por la ciudad,
y no habéis de querer vos
que días que son de Dios
se den a la vanidad.

Dorotea

  Prometo cumplirlo ansí.

Homo — Habéis de ser limosnera
de modo que, aunque no hubiera
más de un pan que darme a mí,
o para comer los dos,
si llega un necesitado,
con respeto y con agrado
se le deis en él a Dios.
Veréis cómo se acrecienta
después.

Dorotea — Todo eso es muy justo,
y más daros a vos gusto.

Homo — Pues asentada esta cuenta,
ya me parecéis hermosa;
ya mi aspereza cesó;
ya os tengo en el alma yo;
ya os intitulo mi esposa;
ya os beso esta blanca mano.

Dorotea — Oigaos yo regalos tales,
y en los afectos iguales
os halle yo tan humano,
que no envidiaré coronas.

Homo — La mitad del alma mía
os llamad desde este día.

Dorotea — ¡Oh, Amor, que almas eslabonas,
dos en una unidas tienes!
Prima, Roberto, ¿qué hacéis
que mi bien no encarecéis
y me dais mil parabienes?

Sabina		Los que gozas duren tanto,
que jamás los desbarate
el pesar.

Roberto		Siglos dilate,
hija, Amor, yugo tan santo.

Pendón		Lleguen a ver vuesastedes
choznos de choznos, que nietos
vengan a ser de biznietos
de rebiznietos.

Esperanza		Ya excedes
en conformidades presas
las almas años prolijos;
vean Papas a sus hijos
y a sus hijas abadesas.

Pendón		Amén.

Roberto		Volvamos a casa,
donde con tálamo igual
amor os junte.

Dorotea		No hay mal
que ponga a mis dichas tasa.
¡Venturosa yo, que gozo
belleza y virtud!

Homo		Mi Dios,
sed nuestro himeneo vos.

Pendón		¿Oyes, moza?

Esperanza No oigo, mozo.

Pendón ¿Quieres que matrimoñemos?

Esperanza ¿Pues no?

Pendón Pues toca.

Esperanza Pues tome.

(Dale.)

Pendón ¡Ay!

Esperanza Sí hay.

Pendón ¡Desnarigome!
¿Pero querrásme?

Esperanza Veremos.

(Vanse, sino es Pendón.)

Pendón ¿Veremos? ¿Por el plural?
Ansí hablan las Paulinas.

(Salen Lelio y Grimaldo.)

Lelio Verás cuánto desatinas;
pues los dos al tribunal
citados de Dorotea,
ha de quedar concluido
nuestro pleito.

Grimaldo Yo he venido
seguro de que en mí emplea
su gusto y que te aborrece.

Lelio La soberbia es presumida,
pero en ti desvanecida.

Pendón Vuestro amor se está en sus trece
y aunque en sus catorce esté,
la dama escogió otro gallo,
el que a esta quinta a caballo
vino, volveráse a pie;
porque ya el niño con alas
que se pintaba desnudo,
si holgazán hasta aquí pudo
pasar en carnes sin galas,
como ya es boca de invierno,
hasta que vuelve el abril,
aprende oficio sastril,
y entre sus ribetes tierno
ropas busca que autorice
su desnudez, y ha querido
mientras hilvana el marido
que la mujer ojalice.

Lelio ¿Qué dices, loco?

Pendón Perdono
el título que me dan,
que presto le adquirirán.
¿Conocen a un Homo Bono
vecino aquí y morador?

Grimaldo Creo que le oí nombrar.

Lelio Un sastre es que ha de morar
cerca de aquí.

Pendón Vencedor
de los dos, acaba agora
de llevarse el gallinero.
Él entró aquí aventurero,
y ella, que es mantenedora,
pues que le ha de sustentar,
la sortija o el anillo
de esposa le dio. El decillo
yo os daré que sospechar;
pero no hablando peinado,
digo, a fe de buen Pendón,
que es la dama, en conclusión,
del sastre su desposado,
porque entrándole a tomar
la medida de un vestido
se le vistió de marido,
y fuera os mandan echar
de esta pretensión, por señas,
que esposos de este jardín
se van rüin con rüin
que así se casan en Dueñas.

Grimaldo Si no supiera que el vino
te hace hablar desatinado...

Pendón Yo soy un pendón honrado,
y el vino esta vez no vino.

Lelio ¿Con un sastre?

Pendón ¡Vive Dios,
que estaba por él perdida!
Que él le tomó la medida
y Amor agora a los dos;
y que no se le da un higo
por vuesastedes.

Grimaldo Sí hará,
que es mujer y escogerá
lo peor.

Pendón También lo digo.

Lelio ¿Y desprecia mi nobleza
con sastre?

Grimaldo ¡Mujer!

Pendón En fin,
Sancho para su rocín.
¡Tal simple, para tal necia!

Grimaldo ¿Con un oficial tan bajo?

Pendón Eso no lo sufriré,
que ser sastre profesé
desde hoy cosiendo a destajo;
y aunque de moneda falto,
contra necios que le infaman,
y oficio bajo le llaman
se suele coser en alto;
y tanto lustre le dan
los libros —citarlos quiero—

que Dios fue el sastre primero
que vistió a Eva y a Adán.
Dios se llama Alfa y Omega,
y el sastre es, por más quilate,
en Portugal, Alfayate,
con que el Alfa se le pega.
Y siendo Dios uno y trino,
que este oficio comenzó,
el nombre de tres le dio
cuando al sastre a nombrar vino;
aunque corrupto después,
pues por ser tan singular,
los sastres quiso llamar
no sastres, sino san tres;
porque el santo tres y uno
cortó a nuestros padres fieles
vestidos de aquellas pieles
cuando quebrantó el ayuno.
La soberbia y interés
que nos inclinó a pecar;
y ansí chitón y estimar
los sastres, que son San Tres.

(Vase.)

Lelio

Si esto es verdad, ¡vive Dios
que he de ejecutar castigos!

Grimaldo

Sido habemos enemigos.
Conformémonos los dos
para trazar la venganza.

Lelio

¿Con un sastre? ¿hay tal afrenta?

Grimaldo — Yo, no es mucho que la sienta
viniendo con esperanza
de verla gobernadora
de Milán y de Pavía.

Lelio — Yo en heredando entendía
hacerla presto señora
de un mas que mediano estado.

Grimaldo — Burlóse de nuestro amor;
que, en fin, el lobo peor
se come el mejor bocado.

Lelio — ¿Dónde vive ese Homo Bono?

Grimaldo — Aquí cerca, mas la casa
de la ingrata con quien casa,
por ser de mayor abono
y más rica, servirá
del civil tálamo agora.

Lelio — Pues si ese tálamo adora,
túmulo suyo será;
seguidme, amigo Grimaldo.

Grimaldo — ¿Pues qué pretendes hacer?

Lelio — Vengarme de una mujer
tan poco cuerda.

Grimaldo — Pensaldo
primero.

Lelio — Pensado está.

Grimaldo ¿Quién tal elección creyera?

Lelio Quien en ellas considera
que naturaleza está
corrupta.

Grimaldo Eso no lo ignoro,
que escogió —en historias hallo—
Semiramis a un caballo,
Paisfae lasciva a un toro.

Lelio Seguidme, que de ese aviso
casi estoy por decir yo,
que peor que esas escogió
la mujer que a un sastre quiso.

(Vanse. Salen el santo Homo Bono y un Pobre muy roto.)

Pobre Vime, señor, en estado
feliz y rico, otro tiempo,
las desdichas ¿qué no mudan?
El mundo es mar lisonjero,
convida con las bonanzas,
embárcase el pasajero,
truécase en tormentas todo;
porque donde reinan vientos
¿quién hay que firmeza aguarde?
Amores, fiestas y juegos,
triunvirato de los vicios,
mi sustancia consumieron
cuando rico tuve amigos;
cántanle al Sol en naciendo
porque le ven caudaloso

de rayos de oro; mas luego
que le ven pobre de luz
huyen aves; que en invierno
no perecen las hormigas
que al trigo el agosto fueron.
Solo, señor, me dejaron;
ya ni me conocen deudos,
ni estiman acompañarme,
sino llantos y escarmientos.
Doléos de mi desnudez.

Homo La compasión que yo os tengo
es tal, que no necesita,
mi pobre, de esos ejemplos.
¿Vos desnudo y yo vestido?
No lo permitan los cielos.
Novio soy, no vio mi padre
mis peligros que está ciego.
En el mar que os llevó a pique
echa al fondo el mucho peso
a quien de hacienda se carga;
si agora la cruz me han puesto
del matrimonio que es plomo,
anegaráme en su centro
no aligerando su carga.
Entre los dos la llevemos,
yo la cruz, y vos la ropa.
(Desnúdase.) Tomad, vestios, que allá dentro,
en mis fiestas ocupados,
no me verán socorreros.
Desnudo en la Cruz estuvo
mi Dios, humanado verbo,
cuando en tálamos de sangre
se desposó amante tierno

con la Iglesia. Esposo soy,
cruz me ponen, y así quiero
en mi Cruz estar desnudo,
por imitarle hasta en esto.
Tomad, tomad y partios;
no salga quien pueda vernos
y piratas os despolen.

(Truecan vestidos.)

Pobre ¡Oh, asombro del siglo nuestro!
¡Oh, sastre que viste a Dios
en sus pobres! Los pies beso
que estrellas han de pisar.

Homo Pobre, ¿qué hacéis? Idos luego,
que siento gente.

(Suena la Música, y sale el Pobre arriba vestido de la ropa del santo, con resplandores, y aparece un Cristo.)

Cristo Homo Bono,
por escarnio me pusieron
púrpura cual rey de burlas,
los ingratos de mi pueblo;
tú de veras me has vestido.
Deudor soy, pagarte quiero
la ropa que me has cortado
al talle de mis deseos;
bien sabes tomar medidas,
pues justamente me veo
vestido y galán por ti,
y así desde hoy más te tengo
por mi sastre, las hechuras

te pagaré, repartiendo
contigo de mis trabajos
moneda que estima el cielo.
Apercíbete a sufrirlos,
que por el camino mesmo
que yo, cobrarás en gozos
las usuras de este censo.

(Desaparece. Homo Bono se pone de rodillas.)

Homo

Mi Dios, mi Señor, mi Bien
mi Rey, mi Pastor, Cordero,
mi rico pobre, mi luz,
volved, ¿por qué os vais tan presto?
¡Qué bien pagáis los vestidos
que os hace el humilde celo
de quien tira vuestros gajes!
Si os vistió del sayal nuestro
vuestra madre, dadivoso
pagáis el vestido nuevo
con hacerla Emperatriz
de los querubes supremos;
si en accidentes de paz
os disfrazáis encubierto,
pagáis la amorosa hechura
dándoos, mi Dios, a vos mesmo;
si yo un pobre vuestro visto
me prometéis, cuando menos,
coronas del oro puro
que se labra en vuestro reino.
Pues sois tan buen pagador,
yo, gran señor, os prometo
que he de vestir al fiado
cuantos pobres sin remedio

librαren, en mí limosnas;
y si son trabajos premios,
que ya vos calificasteis,
vengan millares, que en ellos
fundaré yo mis partidas;
pues si hipotecáis los cielos
que a ciento por uno pagan,
rico soy, que allá no hay pleitos.

(Quédase de rodillas elevado. Sale Pendón. Luego voces.)

Pendón
¿Dónde estará nuestro novio,
que sin saber que se ha hecho
le esperan los convidados
la mesa y la cena en medio?
Oigan aquí la postura,
novio e hincado en el suelo,
sin ser clavo, los hinojos.
Desposado es recoleto.
Surge et ambula, que están
nuestros convivos diciendo
a las tripas, «dilatate»
y al gigote respondiendo,
«que me enfrío, que tirito»
y dos patos reverendos
cantan al son de los frascos
este estribillo, «comednos».
Pero ¿cómo estás desnudo?

Homo
Porque el matrimonio es fuego;
y en tales caniculares
se desnuda quien es cuerdo.

Pendón
¿No asamos y ya pringamos?

Eso es sudar por invierno.
Aún no has tocado a la novia;
¿dónde la ropilla has puesto?
¿Qué es del sombrero y la capa?

Homo — Amigo, descuida de eso.

Pendón — ¿Pues tienes de entrar ansí?

Homo — No, sácame de allá dentro
un vestido más liviano.

Pendón — Voy, pues, por él.

Homo — Con secreto,
sin que te sienta ninguno.

Pendón — Harélo ansí. ¿Mas qué es esto?

(Voces y alboroto de dentro como que se queman.)

Uno — ¡Agua, que se está abrasando
nuestra casa!

Todos — ¡Fuego, fuego!

Uno — Tomado nos han el paso
las llamas.

Otro — ¡Socorro, cielos!

Pendón — ¿Socorro? Que nos socorran
socarrones elementos.
¿Qué habemos de hacer, señor?

¿Hay pozo, hay noria en el huerto?

Homo
Ya, mi Dios, vuestros trabajos
comienzan, y yo comienzo
con paciencia a recibirlos,
y con gusto a padecerlos.

Todos
¡Agua!

Pendón
Mejor fuera vino.

Uno
¡Agua!

Pendón
Aquél es tabernero.
¡Maldiga Dios quien tal pide!

(Vase. Sale descabellada Dorotea. Luego Pendón y Esperanza.)

Dorotea
Esposo, el nombre de Bueno
que tienes, si se conforma
con tus obras verdadero
me defienda, que me abraso,
me socorra que me quemo.

Homo
Piadoso Dios, no permita
vuestro amor clemente y tierno,
que mi esposa sea manjar
lastimoso de este incendio.
Imite yo a Job agora,
padezca mi hacienda y cuerpo,
no el alma, la vida no,
sacarla en los brazos quiero
en vuestro favor fiado.

(Llévala en brazos. Sale Pendón con un cántaro.)

Pendón — ¡San Antón, San Telmo,
San Cristóbal en los rayos,
Santa Bárbara en los truenos,
te rogamos audi nos!

(Sale Esperanza con otro cántaro; encuentrase con Pendón, quiébranlos y caen.)

Esperanza — ¡Ay!

Pendón — Esperanza ¿qué has hecho?

Esperanza — Cascos y no de membrillos.

Pendón — En los míos, a lo menos,
tocaste casco. ¿A do vas?

Esperanza — ¿Qué sé yo?

Pendón — Seguirte quiero.

Esperanza — No es éste tiempo de burlas,
que me abraso.

Pendón — Pie de puerco
seré pues que me chamuscan.

Esperanza — En la tinaja me meto
del agua.

Pendón — Pues no te sigo
que me volveré cangrejo.

(Vanse. Salen Lelio y Grimaldo y luego Homo Bono, y asidos Dorotea, Sabina, Esperanza, Roberto, Valerio y Pendón.)

Lelio	Abrásense, pues me abrasan en la Troya de mis celos.
Homo	No teman, mis pasos sigan.
Grimaldo	Dividiéndose va el fuego por donde Homo Bono pasa, que es santo, y tiene respeto.
Homo	Desmayada va mi esposa, aliviad sus desconsuelos en tal trabajo, Dios mío.
Sabina	Mientras le toco no temo las llamas, que huyen de mí.
Roberto	Contigo seguro vengo, caro Eneas de este Anquises.
Pendón	Eslabónome siguiendo estos cofrades de luz.
Esperanza	Yo tras ti, Pendón, no temo.
Pendón	¿Tú tras mí?
Esperanza	¿Pues no lo ves?
Pendón	¡Qué mala contera llevo!

Homo

Ea, mi Dios, abrasada
la hacienda, mejor podremos
serviros, que siempre han sido
los bienes impedimentos
de la virtud. Padre mío,
en vuestra casa el remedio
de esta desgracia tengamos.

Roberto

Vamos hijo, pues tan presto
cuando rico te juzgaba
empobreciste; que necio
es quien de candelas fía
y no en virtud.

Pendón

Parecemos
sin cáscaras y en camisa,
¿esperancilla, dirélo?

Esperanza

Dilo.

Pendón

Piñones mondados
en casa del pastelero.

Fin de la segunda jornada

Jornada tercera

(Salen Dorotea, en hábito honesto y Homo Bono también.)

Dorotea

¿Qué perdiciones son éstas,
Homo Bono, o hombre malo,
que tanto pesar me cuestas?
¿Es éste el gusto y regalo
que en nuestras bodas funestas
me prometiste? ¿Éstas son
las ofertas que me hacías?
¿Las muestras de tu afición?
¿El fingir que me tenías
impresa en el corazón?

Homo

¿Pues en qué he desdicho de eso?

Dorotea

En que después de abrasada
mi hacienda, mi casa, el grueso
caudal que me hizo envidiada,
quizá por mi poco seso,
cautiva, si antes señora,
en la casa de tu padre
donde la miseria mora,
donde la pobreza es madre,
que siempre la hartura ignora,
después que solo quedaste,
y tu padre se murió
su corta hacienda heredaste,
y mi dicha se trocó
en penas, desperdiciaste
pródigo, la humilde herencia
con que pudieras pasar.
¿Bastaráme la paciencia

a verte a mendigos dar
cuanto tienes? ¿No es conciencia
que a tu mujer empobrezcas
porque a torpes pordioseros
cada instante favorezcas?
Socorran los caballeros,
que no es bien que tú perezcas
porque otros coman.

(Llora.)

Homo

Hermana,
no llores, mi bien, señora.
Quien ciento por uno gana,
quien en su patria atesora
¿no es cuerdo? ¿No es cosa llana
que el pobre que se destierra
a las Indias, desde allá
despacha el oro a su tierra,
donde después no hallará
trabajos que le hagan guerra?
Si aquí somos pasajeros
y en unas Indias estamos
donde, en fin, como extranjeros
buenas obras empleamos,
que valen más que dineros,
e hipotecando fianzas,
Dios que esta finca asegura,
en sus partidas le alcanzas,
¿no es bueno el prestarle a usura?
Los pobres son las libranzas;
Dios mismo las rubricó.
¿No cobran los que los aman?
¿Dios por ellos no salió?

Letras de cambio se llaman,
rotas sí, falidas no.
¿Pues qué penas te hacen guerra?
y dime, ¿qué peregrino
no admite, sino es que yerra,
el hambre y sed del camino
por vivir rico en su tierra?

Dorotea

En balde gastando estás
ejemplos, que es barbarismo.
Nuestra ley dice: «Amarás
de la suerte que a ti mismo
a tu prójimo». No más.
Si como a ti mismo amaras
pobres, tú los socorrieras
con límite; y no gastaras,
loco, con estas quimeras
tanto, que hambriento quedaras.
¿No eres tú primero que ellos?
Pues ¿por qué por ti no miras?

Homo

Razones por los cabellos
traes que disparan mentiras
y engaños, ciega con ellos.
Yo tengo, mi Dorotea,
oficio, gracias a Dios,
que nuestro socorro sea,
y para vivir los dos,
tu labor y mi tarea
nos sobra. Una posesión
de mi herencia he reservado,
cuyos frutos en sazón
te sacarán de cuidado
y a mí de tu indignación.

En ella el cielo dilata
por la tierra su tesoro,
siempre a la limosna grata,
con trigos de granos de oro
y ovejas que peinan plata.
Allí —si en hacienda apoyas
tu interés— de verdes parras
forma Baco claraboyas,
cuyas vástigas bizarras
cuelgan racimos por joyas;
allí, pasado el septiembre,
heredero del Agosto,
cuando a usura el grano siembre,
paga el campo en trigo y mosto
censos que goza el diciembre.
Allí, en fin, esposa mía,
pechera Ceres cada año
para ti regalos. cría,
sin que esterilice el daño
frutos que el cielo nos fía;
que, como soy su rentero,
no quiere que se destruya
el diezmo que darle espero,
porque como hacienda suya
la guarda su jornalero.

Dorotea

No niego yo que pudieras
con tu oficio y la presente
heredad pasar, si dieras,
menos recio y más prudente,
limosna con tasa, y vieras
que hay mañana, y que no cría
cada instante frutos Ceres.
¿No es justa la pena mía,

si lo que en un año adquieres
das a pobres en un día?
Ven acá, desperdiciado.
Siendo tú un pobre oficial
que en la aguja ha vinculado
el limitado caudal
que me redujo a este estado,
¿por qué las más de las horas
has de gastar en visitas
de enfermos que no mejoras?
¿Por qué al sueño el tiempo quitas
y siempre rezando lloras?
El cielo es todo alegría;
su tiempo tiene el llorar,
como la noche y el día,
y la devoción lugar
en ella, si en Dios la fía.
¿Tengo yo de estar al lado
de un hombre que eternamente
suspirando y congojado
me consuma?

Homo ¡Qué imprudente,
Dorotea, has imitado
a la mujer de aquel santo,
prodigio de la paciencia!
¡Tú, reprendiendo mi llanto,
y ella la justa obediencia
que le medró nombre tanto!
«Bendice a Dios —le decía—
y muérete», y tú también
reprendes la pena mía,
porque tus hijos no ven
cuán mal dice el alegría

con las culpas, que son jueces
que siempre el cuerdo tembló.
¿Risa, pecando, me ofreces?
nadie a Dios riendo vio,
mas sí llorar muchas veces.

Dorotea

Ea, llora hasta que estés
ciego; veremos del modo
que puedes ganar después
de comer. Gástalo todo
en pobres. Vive al revés.
No repares en los fines;
que al fin la gloria se canta,
puesto que no la imagines.
Prima con los monjes canta;
con ellos vete a maitines.
Llama a sus puertas helado,
y deja sola a tu esposa,
pues su amor te causa enfado;
porque a media noche es cosa
santa que ronde un casado.
Ven acá, llorón fingido,
¿Quién te mete a ti en mudar
el orden con que ha vivido
el mundo? ¿Manda cantar
maitines Dios al marido?
Si entre tanto que tú ausente
dejas sin hombre tu casa,
algún ocioso que siente
tu negligencia y se abrasa
porque su amor no consiente
violentase mi opinión,
tus ventanas escalase
y, gozando la ocasión

con la mujer, te quitase
la honra y la devoción.
¿Podrán después restauralla
los maitines y la prima?

Homo ¿Pues no?

Dorotea Calla, necio, calla;
tu casa y mujer estima
ya que no sabes amalla;
que a no ser yo la que soy,
aprovechase ocasiones
que, cuerda, de mano doy;
y advierte que persuasiones
me han perseguido hasta hoy
de quien tú puedes saber;
gastos y pasos acorta,
porque ganes de comer
y mira bien lo que importa:
tu honor y el de tu mujer.

(Vase. Sale Pendón, y se oye una voz dentro.)

Homo Celos, mi Dios, serán vanos
si vos mi casa guardáis,
en ella por mí quedáis
contra peligros humanos.
Mas ¡ay pensamientos vanos!
¿Quién no recela su honor
si la virtud y el valor
tal vez desvelarse supo
y en Josef con tiempo cupo
seguridad y temor?
¿Él santo, y se desvelaba

desmintiendo lo que vía,
dejar su esposa quería,
puesto que no le culpaba.
Yo vicioso, y que se alaba
mi mujer de vanidades
que pretenden mocedades.
Dadme vuestro favor, cielos,
que ya pasan de recelos
amenazas de verdades.
  Si de noche al templo voy,
mi Dios, es porque sosiego.
Cuanto más a vos me llego,
tanto más cerca os estoy;
pero si así lugar doy
a que mi honor se destruya,
¿qué he de hacer? ¿No es bien que huya
el riego que honras abrasa?

Voz

No temas, ve tú a mi casa,
que yo guardaré la tuya.

Homo

  Pues si vos veláis por mí
¿qué peligro me acobarda?
«Si Dios la ciudad no guarda,
defenderla es frenesí.»
Díjolo David ansí,
y lo mismo decís vos,
afirmándolo los dos.
Sin peligros que temer,
segura está la mujer
cuya casa guarda Dios.

Pendón

  Hermano, Dios le provea,
o le ayude, si estornuda.

Homo ¿Qué es eso?

Pendón Es cierta ayuda
que me enseñó Dorotea;
un pobre nos pide pan
y señora me ha mandado
que dé a todo remendado
un: «Dios le provea galán».

Homo ¿Qué dices hombre perdido?
¿A Dios de casa despides?
Pan cotidiano le pides
y cuando él mismo ha venido
por los réditos del censo
que cada instante nos fía,
¿le echa tu descortesía
de casa? ¡Señor inmenso!
¿Hoy que venís vos a honralla?
¿Hoy que sois mi huésped vos?

Pendón Que no es el que vino Dios
sino un tragasopas.

Homo ¡Calla,
bárbaro!

Pendón Barbero no,
sastre sí, que hurtar desea.
Al pobre, Dios le provea,
su mujer me lo enseñó.
Falta el pan para nosotros;
no está el tiempo para gracias.
Los pobres y las desgracias

se llaman unos a otros.
  Aun no lo sufren los perros
y «un Dios le provea» es trato
al uso bueno y barato
como ensalada de berros.

Homo

  Anda, necio; llámale.

Pendón

¿Que le llame? Si él se fuera
aun vaya, a la puerta espera
que pan y caldo le dé.
  No le echarán dos virotes,
si por él no te descarnas;
que hay pobres, tiñas y sarnas
de toda puerta, pegotes.

Homo

  Pues dale pan.

Pendón

                    Si le hurtamos.
¿Eres hombre tú que dejas
ni aun para guisar lentejas
un migajón? ¿No tomamos
  cuenta al arca y sus rincones
acabados de comer;
pues por no hallar que roer
aun no hay en casa ratones?

Homo

  Pendón, búscalo.

Pendón

                    ¿Qué dices,
si los pobres que vinieron
cuanto quedó se comieron
con más hambre que aprendices?

Homo	Anda y ten en Dios más fe:
abre el arca y la hallarás
proveída.

Pendón	¿En eso das?
No ha un hora que la dejé
más despejada y barrida
que la barba de un capón.

Homo	Anda y míralo, Pendón,
que Dios nos dará comida.

Pendón	Si acá fuéramos judíos
pudiera llover maná;
más murióse Moisén ya.

Homo	Ve y no digas desvaríos.

Pendón	Voy, mas no quedó migaja.

(Vase.)

Homo	Señor, que piadoso creces
cinco panes y dos peces,
y haciendo a Asuero ventaja
a cinco mil das convite,
que fuerzas y aliento cobran,
y doce espuertas que sobran
hacen que más se acredite
la fe; que introducir quieres
de tu poder soberano,
no está abreviada tu mano.
Dios fuiste entonces, Dios eres.
No permitas que mi casa

hambriento al pobre despida.
A ti te diste en comida;
que tu amor no tiene tasa.
   Dame, mi Dios, que te dé
a ti mismo.

(Sale Pendón dando voces. Luego Dorotea.)

Pendón ¡Encantamento,
milagro, asombro, portento!

Dorotea ¿De qué das voces?

Pendón ¿De qué?
   Acude al arca del pan
y hallarásla llena toda
de roscas, pan de tu boda,
de tortas de mazapán,
   de rosquillas y de bollos,
de molletes de manteca.
Dejámosla boquiseca
sin migajas para pollos;
   mas tu marido que aboga,
por pobres que desembarca,
de nuestra arca fue patriarca,
y ella es arquisinagoga,
   arcadas de nuestra fe
que el hambre libra de arcadas,
duquesa de arcas.

Dorotea ¡Ya enfadas!

Pendón Y es un arca de Noé;
   ¿de «Noé»? No dije bien

de «si» he, pues hay en ella
tanta de la rosca bella.
Si piensas que miento ven.
  Señor, venciste, acertaste.

Homo

La fe nunca supo errar.
Dorotea, sin sembrar
jamás, la cosecha hallaste.
  Dar al pobre es dar al rico,
porque paga Dios por él.
Quien con ellos es cruel
lo es consigo, aquí te aplico
  ejemplos de tu favor
y premios de nuestra usura.
Esta vez se transfigura
nuestro bien en el favor;
  porque así quede notoria
su fe y venza a nuestro engaño;
que fue dar muestras del paño
con que nos viste en la gloria.
  Lo mismo hace hoy su caudal,
pues porque segura estés
de lo que a sus pobres des,
esto no es más que señal
  que allá nos guarda en el cielo
lo que Pablo, aunque lo vio,
a decir no se atrevió.
Aumenta de hoy más el celo
  que debes a sus privados,
pues sus tesoros inmensos
obliga a infinitos censos
de caudales limitados.

Dorotea

  No tengo que responderte,

esposo, sino es pedirte
perdón, dichosa en servirte
y cuerda en obedecerte.
¡Mil veces feliz mujer
que tal dueño goza y ama!

Homo

Ea, mi bien, los pobres llama,
pues Dios los da de comer.
Repárteles sus despojos.

Dorotea

¡Ay, pensamientos tiranos!
Toda para dar soy manos
si en guardar toda he sido ojos.

(Vase.)

Pendón

Agora que hay que comer
no nos dará la tarea
malas noches. Dorotea,
que trasnochaba a coser,
se podrá acostar temprano,
y yo que por su ocasión
soy tu aprendiz, y al Pendón
añado tiras en vano,
me podré quejar de ti,
que de hambriento cada día
alforjas al viento hacía.

Homo

Palabra esta tarde di
de acabar para mañana
la ropa de una doncella,
que ha de casarse con ella;
y por ser honesta y llana
—que yo no coso locuras

de telas y guarniciones,
yesca de las tentaciones
y lazos de la hermosura—
  me huelgo que se concluya.
Mientras que la acabo, pues,
los jornaleros que ves
que en mi granja, también suya,
  pues mis herederos son
los pobres, esperarán
su merienda, lleva pan
vino y cecina, Pendón,
  y diles que vas por mí;
que aunque ayer fui a visitarlos
.... [-arlos].
Hoy tengo que hacer aquí.

Pendón	 Y el vino y cecina ¿adónde
lo habemos de hallar? Si en casa
como por portazgo pasa
cuanta comida se esconde
  en tu despensa y cocina.

Homo	En el arca la hallarás.

Pendón	En el arca hay pan no más;
que el cielo no hace cecina.

Homo	 Si eso y más de mi Dios fías,
no dudes, ve.

Pendón	Yo no lo dudo;
pero ni soy cabezudo
ni pido a Dios gollerías,
  como tú.

Homo No seas cansado.

Pendón Voy, mas con harto recelo,
que si hoy da cecina el cielo
mañana dará adobado.

(Vase. Queda Homo Bono solo. Luego una Voz.)

Homo Aguja y hilo hay aquí;
cosamos y contemplemos;
que aunque contrarios extremos,
pues Vos habitáis en mí
dueño de mi corazón,
no desdeñaréis mi estilo,
que entre la aguja y el hilo
cabe también la oración.

(Asiéntase en un banquillo y cose una ropa, y dentro canta una Voz.)

Voz «Entre los trajes profanos
que en el mundo inventó el vicio,
cantaba llorando un pobre
delante de un crucifijo:
"Desnudo estáis por mis culpas,
amoroso dueño mío.
Vos que los montes y valles
vestís de hierbas y lirios,
pedid que os vista otra vez
vuestra madre, pues los hilos
de su llanto os tejerán
la tela de sus suspiros."
¡Ay, Dios de amor, desnudo!
¡Ay, pobre rico,

vestidme vos agora de vos mismo!»

Homo — ¡Oh, qué voz tan regalada;
y qué a propósito vino
la música a mis deseos,
la letra a mis ejercicios!
(Cosiendo dice esto.) Cantando trabaja el pobre,
siente el jornalero alivio
y desmiente con el canto
las tareas de su oficio;
y vos, amoroso dueño,
regaláis, tierno y melifluo,
con música mis sudores
pagados y agradecidos.
¡Vos en Cruz y yo asentado!
¿Vos muerto por mí y yo vivo?
¿Yo sano y vos doloroso?
¿Vos desnudo y yo vestido?
¡Ay, pobre rico,
vestidme vos agora de vos mismo!

(Canta.)

Voz — «En vos enclava los ojos
traspasada del cuchillo,
que predijo Simeón
tu corazón afligido.
Decidla, que pues os rompen
las ropas que el paraninfo
vino a pedir que os vistiese
cuando con el "Ave" vino,
que os vista agora del Sol
que la sirve de vestido,
aunque en tinieblas de llanto

mal su Sol podrá vestiros.
¡Ay, pobre rico,
vestidme vos agora de vos mismo!»

Homo

A esotro lado tenéis
mi Dios, vuestro Juan querido,
que os llora agora despierto
y antes os gozó dormido.
Desnudo os ve, y pues le rompe
el dolor de su martirio
las telas del corazón,
de tela podrá vestiros.
Al pie de esa Cruz está
la que por pies se ha valido,
y por darla vos los pies
ha dado de pie a sus vicios.
Haced que os vista, mi Dios,
pues hechos los ojos Nilos
pretende su amor, que a nado
os libréis de ese peligro.
¡Ay, pobre rico,
vestidme vos agora de vos mismo!

(Canta.)

Voz

«El oro de sus cabellos
esmalta el rosicler fino
de vuestra preciosa sangre
para que valga infinito;
decid, pues son de brocado,
que os teja ornamentos finos,
celebraréis misa nueva,
sumo pontífice Pío;
mas pues no halláis en el suelo

socorro, dulce amor mío,
alzad al cielo los ojos
y cubriraos de jacintos;
mas, ¡ay!, que los ha cerrado
el riguroso castigo
con que hacéis ejecución
de mis deudas en vos mismo.
¡Ay, Dios de amor desnudo!
¡Ay, pobre rico,
vestidme vos agora de vos mismo!»

(Baja muy despacio un Cristo crucificado, grande, desde lo más alto del vestuario, y va subiendo Homo Bono al mismo compás, sin reparar que sube, haciendo labor hasta que a la mitad de la pared se junta con él, y entonces se levanta y le abraza.)

Homo ¡Qué de contado pagáis
lo que negligente os sirvo!
Pelícano de mi amor,
Sol eclipsado divino,
comiendo el hombre soberbio
la fruta del Paraíso
y vos prendado en la ropa
inocente y con castigo.
Vístase, amoroso amante,
el hombre torpe y lascivo,
sedas, que el gusano teja;
que yo dichoso me visto
de esta humilde desnudez,
de estos cardenales ricos,
de esta grana misteriosa,
de esta púrpura de Tiro.
Al sagrado de estas llagas
de mis esperanzas nido,

de mis congojas consuelo,
de mis temores asilo,
huyo de vuestro rigor,
a vuestra clemencia asido,
a estos clavos sacrosantos.
Mi Dios pequé, Iglesia pido.
¡Ay, Dios de amor desnudo!
¡Ay, pobre rico!
¡Qué más ventura si de vos me visto!

(Encúbrense los dos. Salen Lelio y Grimaldo, como de noche.)

Lelio

Ésta es buena ocasión, que Dorotea
estará sola en casa, si del modo
que otras veces, su hipócrita se emplea
en trasnochar, rezando.

Grimaldo

El tiempo todo
gasta devoto en Dios; y quien desea
a su mujer —que yo no me acomodo
a pretensión tan bárbara— recelo
que intenta loco combatir el cielo.
Él en maitines, salmos a Dios canta,
y Dios a socorrer su honor se obliga.
Dios vive en esta casa porque es santa
y Dios, si tal vez sufre, tal castiga.
Cuando él para alabarle se levanta,
¿osáis vos, Lelio, mientras le bendiga
ejecutar el vicio que os abrasa
y competir con Dios en esta casa?

Lelio

Por Dios, Grimaldo, que venís devoto.
A Dios me remitís. ¿No veis que es tarde?
Alivio busco, porque llamas broto;

no se teme anegar el que se arde.
Miedo debe engendrar vuestro alboroto;
como Letrado sois, seréis cobarde.
Nunca es valiente la jurispericia;
plumas, no espadas, juega la justicia.
  Volveos, Grimaldo, a ver vuestros digestos,
que yo he de proseguir con mi osadía.

Grimaldo

No términos en vos tan descompuestos
destemplarán mi noble cortesía;
yo sé leyes de honor como de textos,
reñir de noche y estudiar de día;
y si amistad con vos no profesara,
no la pluma, el acero os castigara.
  Ciego estáis, no me doy por ofendido;
competid con valientes, no con santos.
Homo Bono por tal es conocido,
que vence no con armas, mas con llantos.
Dios el alcaide de su casa ha sido;
sus ángeles la guardan. ¿Contra tantos
osaréis ser valiente?

Lelio

No sabía
que era elocuente ya la cobardía.
  ¿Qué santo o qué nonada? El vulgo necio
le juzgará por tal, el ignorante;
no yo, que la bajeza menosprecio
que en traje de humildad es arrogante.
A un bárbaro simplón, ¿no es caso recio,
que al torpe vulgo estatuas le levante?
¿Qué milagros le apoyan y acreditan?
¿Qué muertos por su causa resucitan?
  Andad, Grimaldo. En viendo cabizbajo
a un hombre, hablar por tiple, reprendiendo,

luego es apóstol. Luego halló el atajo
del cielo, su limpieza encareciendo.
Es el ocio, cuando huye del trabajo,
engañabobos. No todo remiendo
tiene la santidad por ejercicio;
disfraces sabe hacer también el vicio.
Un sastre miserable, un pobre idiota
que a título de humilde, su tijera
hurta más que las otras, sin dar nota,
porque juzgan los necios lo de fuera,
soberbio el corazón, cara devota,
ya es otro San Alejo en la escalera
y puede ser que agora en bodegones
trueque por embriagueces, oraciones.

Grimaldo

¡Dios me libre de vos! ¡Jesús mil veces!
Lelio, no os digo nada, la malicia
eclipsa las más puras sencilleces.

Lelio

Y también es gitana la avaricia.
¡Vive Dios, que de engaños y dobleces
no he de creer la hipócrita noticia
que le apoya en Cremona, que es un...

Grimaldo

¡Paso!

Lelio

¡Miren de quien las gentes hacen caso!
¿Vos no advertís que con virtud fingida
nos llevó a nuestra dama, y qué burlados,
él jactancioso y ella arrepentida
nos dejó sutilmente lastimados?
Pues en venganza de esto, si la vida
les costase esta noche a mis cuidados,
su esposa he de robarle y con violenta

mano templar mi amor, vengar mi afrenta.
  Cerrada está su puerta, pero a coces
la echaré por el suelo; ya ha caído.

(Da una coz a la puerta. Ábrese. Está en ella un Ángel con una espada de fuego. Cae Lelio desmayado, huye Grimaldo y sale Homo Bono.)

Ángel — ¡Blasfemo! ¿que es Alcaide, no conoces,
Dios de esta casa?

Grimaldo — ¡Cielos, favor pido!

(Desaparece el Ángel. Sale Pendón. Luego se oye una Voz.)

Homo — ¿Al umbral de mi puerta quién da voces?

Pendón — Por Dios que los peones lo han bebido
como unos paladines.

Homo — En el suelo
está sin vida un hombre. ¡Santo cielo!

Pendón — ¿Señor, eres tú?

Homo — ¡Ay, Pendón!
A mis puertas desmayado
está un pobre, yo habré dado
a su desgracia ocasión.

Pendón — ¿Tú, por qué?

Homo — Porque vendría
con hambre y necesidad.
Faltóle mi caridad.

La culpa, Pendón, es mía;
levantémosle los dos.

(Levántanle.)

Pendón ¡Malos años, cómo pesa!
¿No huele él a algalía?

Homo Cesa
de locuras. ¡Ay, mi Dios!
¿No es éste Lelio?

Pendón En la trampa
cayó esta vez la raposa;
golosmear vuestra esposa
quería; miren si escampa.

Homo No malicies.

Pendón No malicio;
mas calla, que él lo dirá.

Homo Vivo parece que está.

Pendón ¿Si viene a aprender oficio?

Homo ¿Señor Lelio, a tales horas
vos por aquí? ¿Qué queréis?
Habladme. ¿No respondéis?

(Hace señas que está mudo.)

¡Hay tal desgracia!

Pendón ¿Pues lloras?

Homo ¿Qué ha de hacer mi compasión?
Decidme a lo que venís

Lelio Aba, aba, ba.

Pendón ¿Habas pedís?
¿Mejor no fuera un jamón?

Homo Sin duda que ha enmudecido.

Pendón ¡Oh, si lo fueran también
cuantas mujeres non ven!

Homo ¿Qué es lo que os ha sucedido?

Lelio Aba, aba.

Pendón Que vio un Abad.
¿Pues qué importa que le vea?

Lelio Aba, aba.

Pendón Bien deletrea;
señor, ya sabe el «B. A. Ba».
Escribirá cuando viejo.

Homo ¿Lelio, no nos respondéis?
¿Qué ha sido ésto, qué tenéis?

Lelio Aba, aba.

Pendón Pide abadejo.

Homo Piadoso amante que abriste
a las lenguas los candados
de aquellos niños sagrados
cuando el dulce hosanna oístes,
vuestro amor rompa este nudo,
y vuelva la voz süave,
porque con ella os alabe.
Cantará después de mudo
del modo que Zacarías
aquel Benedictus tierno
himno de la iglesia eterno
que entonan las jerarquías.

(Híncase Lelio de rodillas y hace señas de arrepentirse.)

Ea, Señor, que parece
que humilde os pide perdón

(Dentro.)

Voz Hable por tu intercesión,
puesto que no lo merece.

Lelio Pon, santo, en aquestos labios
los pies, pues los has abierto.
Cerrólos mi desacierto.
Ellos te hicieron agravios
y ellos, desde hoy más, serán
de tu virtud pregoneros;
murmuráronte groseros;
ya desde hoy te alabarán.
Ofender torpe y lascivo
tu honestidad pretendí.

Volvió el mismo Dios por ti,
piadoso aunque vengativo.
  Paraíso fue tu casa.
Quise entrar en ella ciego;
vibró un serafín de fuego
la espada que vista abrasa.
  Yo propongo de imitar
tus virtudes desde agora.

Homo

Mi Dios, quien firme os adora
no tiene que recelar.
  Lelio, si el frágil sujeto
del hombre deja postrarse,
favor para levantarse
ofrece el cielo al discreto;
  que yerre nuestra ignorancia
no es mucho, en el más robusto.
Siete veces cae el justo;
pero la perseverancia
  en el vicio, ésa condeno.
Volved desde aquí por vos,
por la honra vuestra y de Dios.
Ponga la prudencia freno
  de la travesura loca
y hacedme a mí una merced.

Lelio

Mandad, decid, disponed.

Homo

Lo que os pido es que en la boca
  que abrió del cielo la ayuda
viva seguro el secreto
de este milagroso efecto.
Esté en mi alabanza muda,
  si en la de Dios pregonera;

que vuestro médico fue.
¿Prometéislo?

Lelio Callaré,
si bien la lengua quisiera
en que bajó la paloma
divina, para alabaros.

Homo No, Lelio, que es afrentaros;
mirad que palabra os toma
mi temor que mientras viva
no contaréis lo que pasa
a nadie. Volvéos a casa.

Lelio Quien de alabaros me priva
que os sea ingrato me manda;
pero, en fin, sois santo vos.
Obedeceréos.

Homo Adiós.

(Vase Lelio.)

Pendón Vuelva y llevará otra tanda;
mas, señor, no medraremos,
si en curar mudos te metes,
mejor que en echar ribetes.
A nuestras puertas pondremos
un cartel de letras grandes
donde diga: «Aquí ha venido
un cirujano que ha sido
protobarbero de Flandes,
que quita con eficacia
a las lenguas los bragueros,

a los moros por dineros
y a los cristianos de gracia».

Homo — Dios te la dé porque seas
discreto, Pendón.

Pendón — Sí hará.
Pero más se ganará
en esto que en tus tareas.

Homo — Ya es de día y no he cumplido
con la obligación que tiene
mi oficio. ¿Qué haré si viene
la novia por su vestido
y solo está comenzado?

Pendón — Que dilate el desposorio
en día de purgatorio
para ella y para el velado.
Mas tus puertas se han abierto.
Oye.

Homo — ¿Qué es esto, mi Dios?

(Están asentados en dos banquillos. Cuando se abre las puertas, se ven dos ángeles, cosiendo una ropa. Hincado Homo Bono de rodillas, suena Música.)

Pendón — ¡No ves los Ángeles dos
cosiendo? ¿No estoy despierto?
¡Oh! Aprendices celestiales
tu profesión autorizan,
y mientras rezas, sastrizan.
¡Qué lindo par de oficiales!
Sastres desde hoy os abono.

Homo — No oso levantar del suelo
los ojos.

Ángel — Así honra el cielo
las virtudes de Homo Bono.

Pendón — ¡Volaverunt!

Homo — Vuestras plumas
me prestad porque os alcance.
No pierda yo tan buen lance,
ministros de gracias sumas.
Esperadme y pagareos
vuestro trabajo y jornal,
pues ya que falta caudal,
moneda acuñan deseos.
¿Alas no tiene la fe?
Pues aunque el temor las corta,
fe tengo; volad, no importa,
que en la iglesia os hallaré.

(Vase.)

Pendón — Si todos los sastres fueran
como estos dos, qué poquito
se añadiera el Pendoncito,
y qué menos que mintieran.
Blasonen los zapateros
de que nos ganan de mano
San Crispín y Crispiniano,
hermanos y compañeros.
¡Que presto que son felices,
más lo es el oficio nuestro,

donde Homo Bono es maestro
y ángeles los aprendices!

(Salen Lelio, Grimaldo, Dorotea, Sabina y Esperanza.)

Dorotea

Los pésames que hasta aquí
me dábades y trocáis
en plácemes que envidiáis
por la dicha que adquirí
en el esposo que tengo,
confieso al paso que estimo;
dióme el cielo por arrimo
al santo, que a gozar vengo.
¡Dichosa casa abrasada;
dichosa hacienda perdida;
dichosa, aunque pobre, vida
en Homo Bono empleada!
¡Ay Lelio, ay Sabina, que es
mi dueño un siervo de Dios!

Sabina

Lástima os tuve a los dos
y envidia santa después.
Cosas cuentan prodigiosas
de su ardiente caridad.

Grimaldo

Pues todas serán verdad
si en los otros fabulosas.

Sabina

Contadnos algunas de ellas,
porque todas no podréis.

Dorotea

Fuera de las que sabéis,
digno de amarle por ellas,
una os diré solamente.

Tenemos una heredad
no lejos de esta ciudad
pequeña, mas suficiente.
  Llevaba mi esposo amado,
tal vez a los viñaderos,
de comer, y aunque groseros,
de todos reverenciado,
  con gusto le recibían
y cada cual confesaba
que en lo poco que les daba
cuerpo y alma mantenían.
  Gustaba de ir en persona
siempre que hallaba lugar,
mi esposo, con el manjar.
Salió una vez de Cremona,
  con las alforjas a pie,
y en la mitad del camino
vio cansado a un peregrino.
Con él platicando fue,
  supo su necesidad,
hízole que se asentase,
rogóle que merendase.
Es larga su caridad;
  dióle de lo que llevaba,
con el vino satisfizo
su sed. Era advenedizo,
el cansancio le brindaba
  y el calor todo lo agota;
tanto fue lo que bebió
que con el vino acabó.
Fuese, y llenando la bota
  mi dueño, en la primer fuente,
llegó a sus trabajadores,
agradeció sus sudores,

y haciendo asentar la gente
  los repartió la merienda,
si bien receloso estaba
que el vino les defraudaba;
mas porque nadie lo entienda,
  bendiciendo la bebida
alegre se la entregó,
uno, a pechos se la echó
diciendo: «No vi en mi vida
  vino de tan buen sabor».
Afirmó luego el segundo:
«No puede haber en el mundo
tan generoso licor.»
  Lo mismo dijo el tercero;
mas mi esposo que pensaba
que cada cual se burlaba
dijo: «Un pobre pasajero
  pidiéndome de beber
la agotó. La sed abrasa.
Iremos, hijos, a casa
y podréis satisfacer
  este engaño». De estos tales,
dijeron, nos hagan ciento.
Mi esposo que en su contento
vio, de lo que era, señales,
  lo probó, y agradecido
al cielo, los obligó
a callar, mas no bastó,
porque muchos lo han sabido,
  y aunque encubrirlo desea;
el cielo a su fe acomoda
el milagro de la boda
de Caná de Galilea.

Esperanza
De otra suerte lo destilan
los hermanos taberneros,
si no, díganlo los cueros
que a poder de aguas opilan.

Grimaldo
Yo le vi, aunque no ha estudiado,
que una vez que disputaba
un hereje y afirmaba
un error desatinado,
le confundió con razones
de tan sutil teología
que parece que tenía
ciencia infusa.

Sabina
En ocasiones
semejantes ya yo sé
que Dios en su lengua está.

Lelio
Como a media noche va
a la Iglesia, yo le hallé
una, a sus puertas llamando,
pero como no le oyeron,
ellas mismas se le abrieron...
mas ¿para qué estoy contando
milagros, si el que hizo en mí
es tan portentoso y nuevo?

Grimaldo
Contádnosle.

Lelio
No me atrevo,
porque callar prometí.

(Sale Valerio.)

Varelio

Amigos, venid a ver
maravillas que Dios hace
en la humildad que sublima
cuando en la soberbia abate.
Ya el asombro de Cremona,
el Homo Bono, aquel sastre
de la Cámara de Dios,
libre de la mortal cárcel
del cuerpo, a los cielos
vuela para que en ellos le pague
con su gloria las hechuras
que ajustan cuentas y alcances.
Por los pobres que ha vestido
quiere Dios que le acompañen
ángeles, que tal vez fueron
dentro su casa oficiales.
Oyendo aquel sacrificio
misterioso e inefable
en que obliga el sacerdote
que al pan Dios del cielo baje,
al entonar aquel himno
que ofrece glorias y paces
a los cielos y a los hombres,
cuando humano el verbo nace,
herido el pecho de amor,
como estrecho en él no cabe,
tanta inmensidad de fuego
en sus llamas naufragante,
cedió la vida a la muerte.
Llegó al fin de su viaje;
voló el alma y tomó puerto
en aquel feliz paraje
donde arenas son estrellas,
donde no llegan combates,

del mar, que anega virtudes,
siendo vicios huracanes.
Quedó hincadas las rodillas,
resplandeciendo delante
del altar mayor quien puede
ya calificar altares;
pero escuchad, si sois dignos,
las fiestas que al cielo le hace,
las norabuenas que goza,
los santos que a verle salen.

(Corren una cortina y van subiendo con Música el santo vestido de una ropa larga de tela, con unas tijeras de sastre en la mano izquierda y en la otra una cruz.)

Pendón

¡Ah, señor amo, ah maeso!
¿Dónde bueno? ¿Así se parte?
¿A buenas noches nos deja?
¿Sin su aprendiz se va el sastre?
Pero allá no hay que coser,
que es la ropa perdurable
de la gloria que Dios viste
sin peligro que se rasgue.

Dorotea

¡Ay, esposo de mi vida!
¿Cómo si tanto me amaste,
entre las penas me dejas
y a los deleites te partes?
¿No somos los dos consortes?
Llévame contigo; alcance
la acción debida, que tengo
a los bienes gananciales.

Pendón

Esperanza, a un monasterio,

tú motilona, y yo fraile.
No hay que hablar en matrimonios,
San Pendón han de llamarme.

Lelio

Esta historia nos enseña
que para Dios todo es fácil,
y que en el mundo es posible
ser un hombre santo y sastre.

Fin de la comedia

Libros a la carta

A la carta es un servicio especializado para
empresas,
librerías,
bibliotecas,
editoriales
y centros de enseñanza;
y permite confeccionar libros que, por su formato y concepción, sirven a los propósitos más específicos de estas instituciones.

Las empresas nos encargan ediciones personalizadas para marketing editorial o para regalos institucionales. Y los interesados solicitan, a título personal, ediciones antiguas, o no disponibles en el mercado; y las acompañan con notas y comentarios críticos.

Las ediciones tienen como apoyo un libro de estilo con todo tipo de referencias sobre los criterios de tratamiento tipográfico aplicados a nuestros libros que puede ser consultado en Linkgua-ediciones.com.

Linkgua edita por encargo diferentes versiones de una misma obra con distintos tratamientos ortotipográficos (actualizaciones de carácter divulgativo de un clásico, o versiones estrictamente fieles a la edición original de referencia).

Este servicio de ediciones a la carta le permitirá, si usted se dedica a la enseñanza, tener una forma de hacer pública su interpretación de un texto y, sobre una versión digitalizada «base», usted podrá introducir interpretaciones del texto fuente. Es un tópico que los profesores denuncien en clase los desmanes de una edición, o vayan comentando errores de interpretación de un texto y esta es una solución útil a esa necesidad del mundo académico.

Asimismo publicamos de manera sistemática, en un mismo catálogo, tesis doctorales y actas de congresos académicos, que son distribuidas a través de nuestra Web.

El servicio de «libros a la carta» funciona de dos formas.

1. Tenemos un fondo de libros digitalizados que usted puede personalizar en tiradas de al menos cinco ejemplares. Estas personalizaciones pueden ser de todo tipo: añadir notas de clase para uso de un grupo de estudiantes, introducir logos corporativos para uso con fines de marketing empresarial, etc. etc.

2. Buscamos libros descatalogados de otras editoriales y los reeditamos en tiradas cortas a petición de un cliente.

www.ingramcontent.com/pod-product-compliance
Lightning Source LLC
LaVergne TN
LVHW091636100826
845152LV00002B/50